U1015198

中国融资租赁业“入世”后脱离本源之辨析

——基于承租人的视角

杨 汀 史燕平◎著

中国经济出版社
CHINA ECONOMIC PUBLISHING HOUSE
·北 京·

图书在版编目（CIP）数据

中国融资租赁业“入世”后脱离本源之辨析：基于承租人的视角 / 杨汀，史燕平著 .-- 北京：中国经济出版社，2022.4

ISBN 978-7-5136-6857-6

Ⅰ . ①中… Ⅱ . ①杨… ②史… Ⅲ . ①融资租赁－研究－中国 Ⅳ . ① F241.4 ② F832.49

中国版本图书馆 CIP 数据核字（2022）第 046998 号

责任编辑 张梦初

责任印制 巢新强

封面设计 任燕飞

出版发行 中国经济出版社

印 刷 者 北京科信印刷有限公司

经 销 者 各地新华书店

开　　本 710mm×1000mm 1/16

印　　张 11.5

字　　数 200 千字

版　　次 2022 年 4 月第 1 版

印　　次 2022 年 4 月第 1 次

定　　价 68.00 元

广告经营许可证 京西工商广字第 8179 号

中国经济出版社 **网址** www.economyph.com **社址** 北京市东城区安定门外大街 58 号 **邮编** 100011

本版图书如存在印装质量问题，请与本社销售中心联系调换（联系电话：010-57512564）

◇序　言

本书是我指导的博士研究生杨汀博士在她博士学位论文的基础上修改完善后呈现给大家的，这是一部以我国“入世”后融资租赁业真实发展状况为选题的专著。除了我本人的博士毕业论文《融资租赁及其宏观经济效应》于2004年出版，并获得当年安子介国际贸易研究奖外，我后来指导的博士研究生以及合作的博士后中，共有11位同学以融资租赁为选题完成博士学位论文或博士后出站报告，但最终成书出版的仅此一部。在此，祝贺著作的问世！

第一，我与杨汀因融资租赁而结师生缘。

杨汀对融资租赁这一金融工具的热爱，成就了我和她之间的师生缘分。依稀记得是2012年，作为对外经济贸易大学金融专业的本科生，杨汀获得贸大保研的资格，她来联系我做她的硕士研究生导师。因为她并没有选修过我给本科生讲授的融资租赁课程，我非常好奇地问她请我当硕士研究生导师的原因。她给我的回复是，她觉得融资租赁是非常好的金融工具，可以解决中小企业融资难的问题，她觉得这个金融工具对经济的发展特别有意义等；鉴于我在这一领域的研究积淀云云，她特别希望我当她的硕士研究生导师。我就这样成了杨汀的硕士研究生导师。第二年杨汀参加直博选拔成功，进而进入博士学习的通道，我又转成了她的博士研究生导师。

在过去十年，我们其实是跌跌撞撞一起走过来的，可以说我们成就了彼此。杨汀天资聪颖、英语基础好，而且特别勤奋努力、自律性强，是个自我驱动型的学生。然而，她当时的一个显著弱点是，缺少一种作为科研人员所需要的自主创新的原动力。相比较而言，作为博士生导师，我的强项是对中外融资租赁的认知非常通透，我的头脑中储存着大量关于融资租赁不同方面的选题。然而，我的显著短板是没有经历过欧美博士的系统学习，缺乏对现代经济学理论的系统掌握，缺乏现代经济学所需要的数学研究方法的积累。尽管这些短板有我个人特定的历史原因，但是，在过去10多年间，在我国经济学研究方法由原来的纯文字表述的逻辑分析向数学分析方法转变的过程中，我的这些短板在一定程度上制约了我对博士研究生的全方位指导。

就是在这样的背景下，在杨汀开始博士学习的前两年，我们并没有特别充分、有效地进入博士研究的轨道。我在等着她来找我探讨她的研究与问题，而她却像在过去的本科硕士学习时那样，等着我这个导师来给她"布置作业"。这种错位导致我们浪费了博士学习前两年的时间，等到我们后来发现这个问题时，我们都感觉挺遗憾的。非常幸运的是，大约到了杨汀博士学习第二年的下半学期，我们同时发现了这个问题。

从此，我们开始进入比较好的沟通状态，我的指导开始一点一滴地渗入她的成长过程。在指导她为Euromoney撰写"World Leasing Yearbook"中国分报告时，我帮她理解怎样有逻辑地组织文字；在我们一起研究横向课题"国外租赁公司与厂商合作模式研究"的过程中，我们一起提高了对融资租赁作为促进设备制造商扩大销售的金融工具的认知，特别是在她伦敦交换学习期间，我作为她的导师也到伦敦进行了20天的导师随访。我们一起与她的外导交流，一起在大英博物馆聆听"World Leasing Yearbook"重要的参与者、White Clarke Group 的创始人之一Ed White 先生给我们讲述他怎样意外地进入租赁领域从业的人生经历：20世纪70年代初，当他从剑桥大学空间物理专业取得博士学位后，却无法在伦敦找到对口的工作，意外地遇到了Clarke先生，应邀给当时的巴克莱银行租赁公司开发租金计算软件，当他们成功地将当时刚刚问世的计算机应用在租赁领域推广第一单后，他们合办了 White Clarke公司，并发展成为国际上著名的租赁IT公司；他与Clarke先生合作出版了第一部关于租赁的书*Leasing*，并且，在他们的书出版后不久，也就是20世纪70年代末，外贸学院（贸大的前身）的罗真耑老师，那时正在英国进行学术交流，主动到他们公司，请求Clarke先生允许她将该书翻译成中文图书（而这部中文版的《租赁》，恰恰是我在80年代末开始研究融资租赁时的启蒙著作之一）。

在我们共同讨论博士学位论文的过程中，几乎每两周，她都会提出若干个问题，在我的办公室里，我为她梳理方向，提供答案，交流难点、疑点……每一次，两三小时就在不知不觉中过去了。

回顾我与杨汀近10年的师生合作过程，我的感触是，因为对融资租赁这一金融工具的积极作用的认知与热爱，见证我们的共同成长。老师能遇到真正热爱老师研究领域的学生，学生能遇到感兴趣研究主题的老师，这对彼此是一件幸事。

第二，我们挖掘论点的过程以及对最终结果的无奈与遗憾。

首先，关于融资租赁的认知，与国际上的普遍共识不同，我国至今仍存在认知偏差。

从世界融资、各国融资租赁业的发展过程来看，国际上的普遍共识是，融资租赁交易是各种融资租赁机构为新设备的使用者，通过租赁的方式来提供中长期的融资，这也是融资租赁的本源。融资租赁从其产生之初到如今经历了近100年的发展，一直遵循着这样的逻辑，或者说正是基于这样一个核心特征，使得它在已经十分成熟完善的欧美金融市场获得存在的必要性。

从中长期资金提供者的角度来观察，银行的中长期贷款、资本市场上企业发行债券与票据，都是中长期融资的金融工具。作为中长期资金提供者的各类融资租赁机构而言，作为债权人，其在开展业务时，以设备本身作为管理和控制承租人信用风险的抓手，重点关注作为债务人的承租企业设备使用所产生的现金流，以此为基础来安排租期与租金的偿还。这是各国融资租赁市场上租赁融资展现的一个核心特征。也是基于这一特征，在公司金融的研究领域，一个重要的研究推论是，与银行贷款相比较，租赁融资具有较强的债务治理效应。

然而，在我国“入世”后，特别是2007年我国放开银行系金融租赁公司设立后这10多年的融资租赁业发展过程中，我国的现实实践以及由此得到的认知，与国际共识是有偏差的。一方面，因为“入世”谈判过程中欧美谈判代表的推动，吸引我国众多投资人对融资租赁机构产生广泛关注；另一方面，由于监管的放松，我国融资（金融）租赁公司等融资租赁机构数量呈现爆发式增长，以回租方式占统治地位的年投放额，在2010年前后，使我国年租赁投资额跃居世界第二位。

可是，作为一名持续研究中外融资租赁发展的学者，我并没有因此而感到欣喜，而是隐隐地担忧。尽管回租的大规模发展，既有其存在的合理性，也有其对中国经济的贡献性，但却不能代表我国融资租赁发展方向的“正确性”与“可持续性”。

回租方式占统治地位的合理性体现在以下两个方面：一方面，随着我国融资（金融）租赁机构的增多，需要具备融资租赁机构经营管理能力的管理者无法在短期内具备。于是，众多擅长银行信贷的银行管理者成为融资租赁机构的管理者。直接具有类信贷特征的回租方式成了大家的一个“聪明”的选择。另一方面，在我国经济领域，长期信贷性质的资金，需求量大、供给不足。于是，我国各类融资租赁机构与承租人的供求双方一拍即合，这是我国融资租赁市场回租方式占据统治地位的合理性所在。

通过回租方式提供的大规模资金，对我国经济发展的主要贡献体现在，它为客户提供了一种比较稳定的、可得的中长期融资方式。而这种中长期的融资，对于很多企业来说，是非常必要的一种融资方式，特别是其满足了我国民营经济的长期资金需要，以及政府融资平台公司出现后的长期建设性资金的需要。

可以说，回租方式，特别是以旧设备，甚至凑出来的设备、收益权等为基础实现回租交易，并没有体现融资租赁这一金融工具的本质特征。这就是我国融资租赁业经历10多年发展，与国际共识的偏差所在。

其次，我们确定研究选题的初衷与最终落笔的无奈。

影子银行是国内外理论研究的一个视角。国际上，学者对影子银行的认知是中性的，而我国监管部门对影子银行的认知比较偏向负面。在确定博士学位论文选题的过程中，我曾建议从影子银行的角度来探讨融资租赁在我国经济中的作用。基于我30年来关于中外融资租赁业发展的观察与研究，我的直觉结论是，作为具备租赁本源特征的融资租赁业务，可以成为我国的“好”影子银行；反之，如果仅仅发挥了融资业务的作用，但却没有发挥出以新设备为基础的融资租赁业务的作用，那就是我国的“坏”影子银行了。

在开始讨论具体选题的时候，我的初衷是怎样证明融资租赁在我国发挥了“好”影子银行的作用。我非常希望从正面的角度去研究融资租赁对我国经济可以贡献的力量或者作用是什么。按照我多年的研究经验，我一直认为，融资租赁是支持实体经济最有效的金融手段。无论从金融供给侧的角度还是从金融需求侧的角度去观察，融资租赁都是一个特别迫切需要发展和完善的金融工具。我特别希望，能以我们的研究成果作为指导我国融资租赁实践的理论基础。

显然，好与坏，并不是经济学的表达方式。要实现“好”影子银行这个角度的研究，我们需要找到支持“好”影子银行的经济学理论基础，同时还要有相应充分的数据来支撑我们的实证研究。囿于我经济学理论基础薄弱，更由于我国“入世”后融资租赁业的真实发展状况，当我们试图搜集数据来支撑我们关于租赁本源的正面作用的分析时，我们几乎找不到上市公司新设备租赁的相应数据。与此相对，我们搜集到大量的上市公司以回租方式融资的数据，我们不得不做了关于我国融资租赁“坏”影子银行的研究。

我们博士学位论文的主要研究结论是，即使是“坏”影子银行，以类信贷为主要特征的回租业务，也为我国经济主体特别是民营经济提供了一种长期资金来源，这是回租对我国经济发展的贡献。但是，由于回租交易中没有新设备做基础，使得其债务治理效应大幅度减弱；而去产能企业利用监管部门没有限制融资租赁机构的为其融资的政策纰漏，利用回租方式获得大量融资，达到监管政策套利目的。这两个研究结论都属于融资租赁的负面作用，这也是我们感到无奈与遗憾之处。

第三，对未来的期许与展望。

2017年，中央第五次金融工作会议后，我国金融监管的格局与标准发生了巨大的变化，我国对融资租赁业的监管随之规范和严格。同时，我国经济转型中对制造业的关注再次提高，特别是将发展我国装备制造业上升到国家战略的层面。这些融资租赁业的相关法规措施和融资租赁业发展基础的变化，给我国融资租赁业回归本源的发展创造了积极的条件。我国融资租赁业能否最终实现回归本源的发展，除了这些外部环境的完善外，更为根本的是，我国各类出租人，即我国的融资（金融）租赁公司，能否“修炼内功”，能否熟悉新设备融资租赁的业务流程，让自身真正具备设备资产租赁融资交易下的风险管理能力等，使我国的融资（金融）租赁公司成为我国金融市场上不可或缺的一类金融机构，使融资租赁工具成为我国金融市场上独具风险管理特征的一种金融工具，像国际上跨国公司的发展一样，使融资租赁能够成为帮助我国装备制造企业扩大销售的有效金融手段。

我国融资租赁的未来可期。更期待，杨汀博士能够持续跟踪中外融资租赁发展，不断精进研究成果。

史燕平

2021年11月24日

◇前　言

自2007年起，在“入世”的推动下，中国融资租赁业的监管标准得到放宽。此后，中国融资租赁业展现了强劲的增长态势，具体体现为融资租赁业机构数量的增加、融资租赁交易投放额的扩张以及中国融资租赁业国际地位的提升。2007—2016年，中国的融资租赁机构数量由109家增加到7136家，融资租赁交易投放额由460亿元增加到17943亿元，中国融资租赁交易投放额的世界排名从第27位提升至第2位。尽管从交易规模和增长速度来看，中国融资租赁业在过去十年有着喜人成绩，但在高速增长背后却隐藏着一个不容忽视的问题：中国绝大多数融资租赁交易都是为承租人提供纯粹的资金融通的售后回租交易，这偏离了融资租赁交易的本质特征。从融资租赁交易的历史起源和欧美等租赁发达国家的经验来看，融资租赁交易的本质特征应当是作为设备使用企业和设备制造厂商之间的金融媒介，即为承租人引进新设备提供资金支持。对比之下，中国占比相当高的售后回租交易却与设备制造厂商脱离了关系，不再是设备使用企业和设备制造厂商之间的金融媒介，而是变异为一种和贷款相似的纯粹融资工具。所以，中国融资租赁业在过去十年的高速增长下存在脱离本源的现象。这一现象之所以值得关注，不仅是因为这涉及中国社会对融资租赁概念认知的准确程度，其更深层的意义在于：作为一种金融工具，融资租赁的本质特征决定了其资源配置作用。在中国金融业准入严格、金融资源相对稀缺的环境下，融资租赁业脱离本源的现象关系将近

2万亿元资金的投向，更关系这种金融工具的资源配置功能。因此，有必要厘清中国融资租赁业脱离本源的原因和结果，进而对这一现象进行客观评价。在现实中，这一现象的原因和结果非常复杂，可以从很多角度对其进行研究。出于数据可得性和研究可行性的考虑，本书选择从承租人的视角来探究中国融资租赁业脱离本源的原因和结果。从承租人的角度来看，承租人以售后回租方式借款的融资动机给租赁公司开展售后回租交易提供了市场需求，这在一定程度上导致中国融资租赁业脱离本源。而承租人以售后回租方式借款这种行为导致的结果，应当是评价中国融资租赁业脱离本源的结果的一个重要维度。因此，本书的研究目的是探究承租人以售后回租方式借款的动机和结果。

基于对中国融资租赁业的长期跟踪观察，本书选择“规避去产能政策的融资限制”“缓解投融资期限错配”和“债务治理效应”三个角度进行研究。在研究问题时，本书采用了理论分析和实证分析相结合的方法。在理论上，本书结合博弈论、投融资期限匹配、债务治理效应等理论框架分析了承租人以售后回租方式借款的动机和结果的逻辑机制。在实证上，本书利用手动整理的2007—2016年中国上市公司售后回租交易信息，采用双重差分（DID）等计量模型进行了实证分析，并得出以下结论：

第一，产能过剩企业是以售后回租方式借款的一类重要承租人，大约占据承租人总数的30%。产能过剩企业以售后回租方式借款的动机是规避去产能政策的融资限制，这种融资套利行为的结果是削弱去产能政策的效果。另外，去产能政策促使产能过剩企业以售后回租方式借款的机制是去产能政策限制了银行贷款、发债等主流融资渠道；而加强对融资租赁机构的监管可以在一定程度上遏制产能过剩企业的回租套利行为。

第二，企业以售后回租方式借款的另一个动机是缓解投融资期限错配，这种行为的结果是企业的投融资期限错配程度得到缓解，并且期限错配对业绩造成的负面影响有所降低。另外，与民营企业相比，国有企业以售后回租方式借款来缓解投融资期限错配的动机更加强烈，并且售后回租对国有企业的投融资期限错配起到更好的缓解作用。

第三，从债务治理效应的角度来看，企业以售后回租方式借款的结果是，售后回租对企业产生负面的治理效应，且对国有企业产生的负面效应尤为严重。售后回租对国有企业产生的负面治理效应与政府干预所导致的“预算软约束”这一体制性问题有关，短期内很难改善。不过，具备法律效力的租赁物登记查询系统的建立能够提高售后回租对民营企业的治理效应。

本书的结论从承租人的角度为中国融资租赁业脱离本源的现象提供了合理的解释。出于规避去产能政策的融资限制或缓解投融资期限错配的需要，中国有大量企业的借款需求没有被银行贷款等主流融资渠道满足，这就给融资租赁机构开展贷款性质的售后回租交易提供了市场空间。而融资租赁业脱离本源导致的结果需要辩证看待。一方面，售后回租交易对中国的长期融资体系起到补充和改善的积极作用，缓解企业因“短贷长投”而引发的投融资期限错配。另一方面，售后回租没有成为一种有效的债务治理工具，减弱了政府部门治理产能过剩的效果。从中国融资租赁业界的角度来看，脱离本源现象不利于融资租赁行业的健康发展。尽管在短期内，大部分租赁公司依靠贷款性质的售后回租交易迅速扩张了业务规模，但是这类售后回租交易的可持续发展能力极为有限，难以成为一种具有持久竞争力的业务模式。本书的结论对融资租赁及售后回租领域的研究起到重要作用，尤其是为中国企业的租赁动机提供了新的解释。另外，本书的结论对融资租赁业的健康发展具有一定的参考价值，对政府部门建立多层次、多样化的金融市场也具有启发意义。

◇目　录

第1章　引言

1.1　研究背景："入世"后中国融资租赁业的高速增长

迄今为止，中国融资租赁业经历了两轮发展历程。第一轮发展于20世纪80年代初期开始，于90年代中后期结束。在第一轮发展中，融资租赁在利用外汇为中国企业引进国外先进设备上发挥了积极作用。然而，当时大部分租赁公司的风险控制水平尚不高，中国的法律体系也没有对租赁公司的权益进行有效保护。在这样的条件下，承租人大规模拖欠租金的问题引发了全行业的信用危机，导致许多租赁公司破产，没有破产的租赁公司也大多处于停业状态。另外，当时很多商业银行都参股了租赁公司，租赁业的信用危机使银行业蒙受损失。出于控制银行业风险的考虑，政府于1997年下令要求商业银行退出租赁公司。到90年代中后期，中国融资租赁业基本陷入业务停滞状态，第一轮发展以失败告终。融资租赁业的第二轮发展开始于2007年，一直持续至今。本轮发展的背景是：在中国"入世"的谈判过程中，外资银行提出的要求之一是允许外资银行在中国开展融资租赁业务。这使监管部门意识到，如果届时向外资银行开放租赁市场，却不允许中资银行开展租赁业务，无异于是"自我歧视"。为了确保中外银行在中国融资租赁市场上享有公平待遇，银监会于2007年修订《金融租赁公司管理办法》[①]，修订后的办法允许商业银行通过设立金融租赁公司来开展融资租赁业务。这是政府自1997年要求商业银行退出金融租赁公司以后，首次明确商业银行可以再次开展租赁业务，相当于政府对融资租赁行业给予鼓励和支持。同时，中国融资租赁业的另一个监管部门——商务部陆续出台了一系列规定，放松了对租赁公司的审批标准。于是，2007年以后，融资租赁业的两个监管机构——银监会和商务部批准了大量租赁公司。由银监会负责审批和监管的租赁公司称为金融租赁公司，由商务部负责审批和监管的租赁公司称为融资租赁公司。尽管两类租赁公司的监管机构和公司命名方式有所不同，但其开展的融资租赁业务本质相同。

可见，中国融资租赁业的第二轮发展主要得益于“入世”推动租赁业监管标准的放松。在第二轮发展中，中国融资租赁业展现了强劲的增长态势，具体体现为融资租赁业机构数量的增加、融资租赁交易投放额的扩张以及中国融资租赁业国际地位的提升。2007—2016年，中国融资租赁机构数量（金融租赁公司和融资租赁公司数量之和）由109家增加到7136家，复合增长率为59%；中国融资租赁交易投放额由460亿元增加到17943亿元[②]，复合增长率为49%；中国融资租赁交易投放额的世界排名从第27位提升至第2位，中国成为世界第二租赁大国。在这十年里，中国融资租赁业的增长速度远高于世界其他国家。图1.1展示了2007—2016年世界主要国家的融资租赁交易投放额增长率，中国融资租赁交易投放额增长率位列第1，远高于英国、澳大利亚、美国等发达租赁市场的增长率。

---

① 此处的银监会为现在的银保监会（中国银行保险监督管理委员会），银监会与保监会于2018年合并，在此以前，由银监会负责金融租赁公司的审批和监管事项。本书的研究区间为2007—2016年，在此期间，银监会与保监会尚未合并，所以本书将金融租赁公司的监管机构称为银监会。

② 融资租赁交易投放额指全部租赁公司在新增租赁业务中投放的资金总额。本书中提到的中国租赁公司数量数据来自中国租赁联盟和天津滨海融资租赁研究院的测算，中国融资租赁交易投放额的数据来自世界租赁年报（World Leasing Yearbook）。

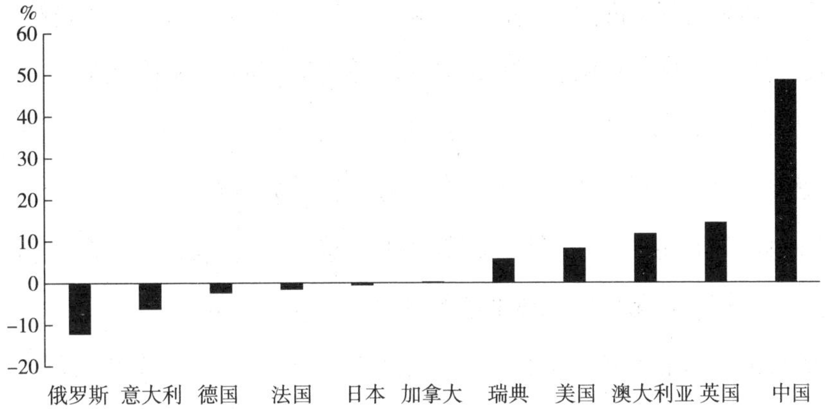

图1.1　2007—2016年世界主要国家的融资租赁交易投放额增长率

资料来源：笔者根据2009—2018年的世界租赁年报（World Leasing Yearbook）中的数据整理得到。

不过，观察中国融资租赁业的交易模式可以发现，中国绝大部分融资租赁交易都是售后回租。过去十年来，实际上是售后回租交易规模的高速扩张推动了中国融资租赁交易规模的迅速增长。而从交易目的来看，中国售后回租交易的主要目的是为承租人提供纯粹的资金融通，其交易本质和抵押贷款基本相同。然而，从融资租赁交易的特征和欧美等租赁发达国家的经验来看，融资租赁交易的本质特征应当是作为设备使用企业和设备制造厂商之间的金融媒介，即为承租人引进新设备提供资金支持。对比之下，中国占比相当高的售后回租交易却与设备制造厂商脱离了关系，不再是设备使用企业和设备制造厂商之间的金融媒介，而是变异为一种和贷款相似的纯粹融资工具。所以，中国融资租赁业在过去十年的高速增长下存在着脱离本源现象。这一现象在融资租赁业界一直备受关注，很多业界知名人士都呼吁中国的融资租赁业应当回归本源①。

① 例如，杨凯生表示，“合规是底线，回归本源与专业化是方向”（https：//www.yicai.com/news/100069049.html），杨钢表示，“要回归本源，深切认识到融资租赁不只是融资，其实更是租赁”（http：//www.clba.org.cn/newsitem/278090422），李思明表示：“融资租赁行业将逐渐回归本源”（http：//www.xinhuanet.com/money/2018- 12/12/c_1123840872.htm）。

本书从上述现实问题入手，对中国融资租赁业脱离本源的现象进行研究，研究目的是探究这一现象的原因和结果。探究这一问题有很多视角。一方面，中国融资租赁业脱离本源的原因可以从多个角度来分析。比如，租赁公司的资源禀赋不足、承租人没有被银行贷款等主流融资渠道满足资金需求、中国租赁业制度的环境缺陷等都在一定程度上导致中国融资租赁业脱离本源。另一方面，中国融资租赁业脱离本源的结果可以从多个角度来分析。比如，这一现象可能会影响租赁公司和承租人的经济效益，还可能会影响宏观经济的资源配置等。从数据可得性和研究可行性的角度考虑，本书选择从承租人的视角来探究中国融资租赁业脱离本源的原因和结果。从承租人的角度来看，承租人以售后回租方式借款的融资动机给租赁公司开展售后回租交易提供了市场需求，这在一定程度上导致了中国融资租赁业脱离本源的现象。而这类售后回租交易给承租人带来的结果，也应当是评价中国融资租赁业脱离本源结果的一个重要维度。因此，本书的研究目的可以进一步具体表述为探究承租人以售后回租方式借款的动机和结果。

综上，本书尝试回答以下两个基本问题：

第一，承租人以售后回租方式借款的动机是什么，即企业的纯粹资金需求为什么不通过银行贷款、发债等渠道来解决，而是需要通过手续复杂、利率较高的售后回租交易来解决。

第二，承租人以售后回租方式借款导致什么结果，有哪些正面结果、哪些负面结果。

1.2　研究意义

本书从承租人的视角对中国融资租赁业脱离本源的原因和结果进行研究，这一研究兼具学术意义和现实意义。

在学术层面，本书丰富了中国融资租赁市场的研究，尤其是立足现实对中国企业的租赁动机提出新的解释。目前，学术界有关融资租赁的研究主要集中在欧美等发达国家，但由于中国融资租赁业存在脱离本源的现象，国外的租赁理论并不适用于解释中国租赁市场。近几年，随着中国租赁业的发展，国内有关融资租赁的研究虽有所增加，但这些研究以定性研究为主，实证研究较少。少数的实证研究存在两个普遍问题：一是盲目照搬国外有关融资租赁的理论，研究结论不能有效解释中国的租赁市场；二是数据不足，结论的可信度弱。本书尽量克服这两个问题。一方面，本书基于对中国融资租赁业的长期跟踪观察并结合对租赁业界从业人员的访谈，从规避去产能政策、缓解投融资期限错配等角度解释了中国企业的租赁动机，弥补了现有有关融资租赁理论在解释中国租赁市场时的不足，也拓展了对中国租赁市场的研究方向。另一方面，本书手动整理了中国上市公司的售后回租交易信息，这使得本书的实证分析具备全面、翔实的数据来源，能够得到比较可信的估计结果。

在现实层面，本书对中国融资租赁业的经营和监管具有一定的借鉴意义，也能为完善中国金融体系提供参考。①本书能够为租赁公司评判其现行的业务结构是否合理提供依据。在过去十年的高速增长中，关于脱离本源这一现象，中国租赁业界的褒贬不一，争议越来越多。一种观点认为，通过售后回租交易为企业提供纯粹的资金融通是中国融资租赁业的特色模式；另一种观点则认为，这类交易只是一种变相放贷业务，不利于融资租赁业的可持续发展。本书有关承租人以售后回租方式借款动机的探讨，能够揭示企业对售后回租交易的具体需求来源。通过判断这种需求是否可持续，租赁公司能够判断其当前的售后回租交易是否能成为一种可持续发展的业务模式，进而评判其现行的业务结构是否合理。②本书能够为监管部门实施对融资租赁业的“实质监管”和“穿透式监管”提供可行思路。第五次全国金融工作会议以来，“确保金融业回归本源”是重要的监管目标，“实质监管”和“穿透式监管”成为金融业监管的两大重要原则。本书对融资租赁业脱离本源原因和结果的探讨，能够揭示当前融资租赁业监管的薄弱环节，这有助于监管部门“对症下药”、对现行监管体系进行针对性的改善。同时，本书有关融资租赁交易本质特征的论述，也能为监管部门从租赁物特征、租赁交易模式等角度设计更有效的监管指标提供建议。③本书能够为中国政府部门建立多层次、多样化的金融市场提供参考。融资租赁业是中国金融市场的重要组成部分，融资租赁业的健康发展是中国建立多层次、多样化的金融市场的必要条件。不过，建立多层次、多样化金融市场的前提条件应当是各类金融交易能够发挥其本源职能，满足实体经济的不同融资需求。从中国融资体系现状来看，中国并不缺乏以传统商业银行为代表的信贷融资机构，却缺乏能够从事新设备融资业务的融资租赁机构。在脱离本源现象下，融资租赁机构的绝大多数业务的本质是信贷融资，没有凸显融资租赁业务的独特优势。另外，本书有关中国融资租赁业脱离本源结果的讨论，能够客观揭示过去十年来融资租赁业在经济中发挥的作用，进而为评价其对中国金融市场多样性的贡献提供依据。

1.3 研究思路与研究内容

1.3.1 研究思路

本书的1.1部分已经指出，本书的研究目的是从承租人的角度探讨中国融资租赁业脱离本源的原因和结果，也就是回答了两个基本问题：承租人以售后回租方式借款的动机是什么，承租人以售后回租方式借款这一行为有怎样的结果。为了回答这两个问题，本书在安排结构时的研究思路如下。

第1章至第3章是本书研究的准备阶段，包括介绍研究问题、回顾相关文献等。这三章内容为第4章至第6章的具体分析打下基础。

第4章至第6章是本书的主体内容，这三章内容通过理论分析和实证分析，从三个角度回答了本书的两个基本研究问题。对第一个基本问题的回答，即探究承租人以售后回租方式借款的动机。尽管现有的国外租赁理论已经比较完善地分析了欧美等发达租赁市场中承租人的租赁动机，但由于中国融资租赁业存在脱离本源现象，这导致国外租赁理论无法有效解释中国企业的租赁动机。所以，本书试图结合中国实情探究中国企业以售后回租方式借款的动机，本书最终选取了两个研究视角——规避去产能政策视角和缓解投融资期限错配视角。第4章和第5章就分别从这两个视角探究了中国企业以售后回租方式借款的动机；依据各自的研究视角，探讨了企业以售后回租方式借款的结果。所以，第4章和第5章的内容是从“规避去产能政策”和“缓解投融资期限错配”这两个角度回答了本书提出的两个基本问题。第6章是从债务治理效应的角度探讨企业以售后回租方式借款的结果，是对本书第二个基本问题的回答。

第7章内容是对全书的总结，归纳了本书的主要发现和结论，阐述了本书的政策建议和对租赁业的启示，并分析了未来的进一步研究方向。

本书的研究框架如图1.2所示。

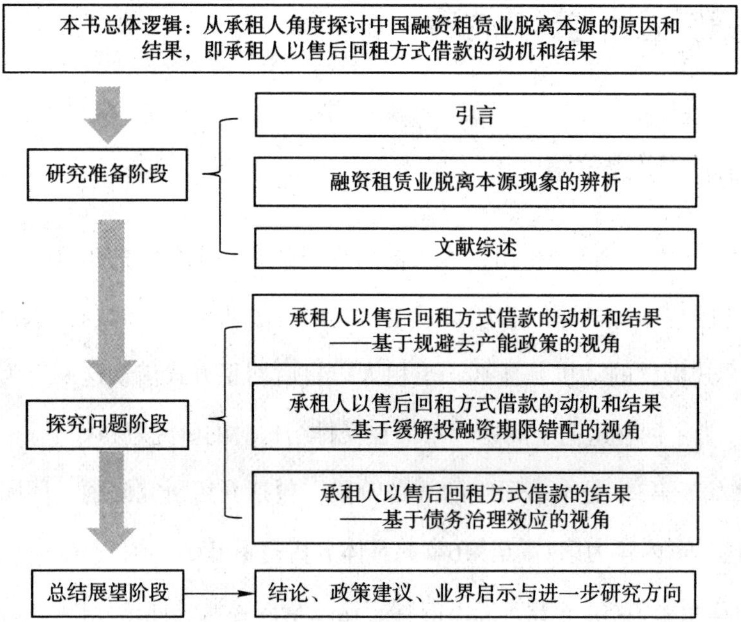

图1.2　本书的研究框架

1.3.2　主要研究内容

本书具体的研究结构和内容如下：

第1章为引言，首先介绍了“论承租人视角下中国融资租赁业脱离本源现象”的选定思路和研究意义；其次概述了本书的研究方法、数据来源和研究思路，分析了本书的创新点与不足；最后界定了本书涉及的核心概念。

第2章为融资租赁业脱离本源现象的辨析。本章首先分析了融资租赁交易的本质特征及其在欧美融资租赁市场的体现；其次分析了融资租赁业脱离本源现象的含义及美国和中国租赁市场中存在的脱离本源现象，并分析了相关启示；再次基于是否脱离本源的视角，对中外融资租赁交易进行了对比，对比内容包括交易模式、租赁公司风险控制手段和租赁物特征；最后分析了“中国融资租赁业出现脱离现象”这一问题的潜在研究视角及本书的研究重点，主要指出了本书所选取的研究视角在数据可得性和研究可行性方面的优势。

第3章为文献综述。本章对国内外有关融资租赁和售后回租的研究进行概要综述，但本章的文献综述只是对融资租赁和售后回租研究领域现有文献的概括性综述，待后续探究承租人以售后回租方式借款的动机和结果时，再结合具体的研究角度对相关领域的文献进行具体综述。

第4章基于企业规避去产能政策的视角，从理论和实证方面探究了承租人以售后回租方式借款的动机和结果。本章首先从博弈论的角度分析了去产能政策与售后回租之间的关系；其次利用双重差分等模型分析了去产能政策对企业以售后回租方式借款决策的影响，以及售后回租对企业投资和销售增长率的影响。

第5章基于企业缓解投融资期限错配的视角，从理论和实证方面探究了承租人以售后回租方式借款的动机和结果。首先从投融资期限匹配理论出发，分析了中国企业利用售后回租缓解投融资期限错配的原因；其次通过实证研究分析了企业的投融资期限错配程度对企业以售后回租方式借款决策的影响，以及售后回租对企业期限错配程度的影响。

第6章基于债务治理效应的视角，从理论和实证方面探究了承租人以售后回租方式借款的结果。本章首先结合售后回租的本质特征，分析了其产生治理效应的渠道；其次分析了脱离本源现象下的售后回租交易产生治理效应的渠道；最后通过实证研究分析了企业以售后回租方式借款这一行为对企业代理成本和企业价值的影响，并进一步分析了如何提高售后回租交易对民营企业的治理效应。

第7章为结论、政策建议、业界启示与进一步研究方向。本章首先对全书的主要研究结论进行总结；其次结合本书的研究结论提出了相关的政策建议和业界启示；最后从学术研究的角度指出了进一步的研究方向。

1.4 研究方法与数据来源

1.4.1 研究方法

本书采用了定性分析和定量分析相结合的分析方法。在定性分析上，本书主要采用了文献研究法、调查法和比较分析法。在定量分析上，本书主要采用了面板回归法、双重差分法（Difference-in-Differences，DID）、非线性回归法、两阶段最小二乘法、倾向得分匹配法（Propensity Score Matching，PSM）、中介效应分析法等。

（1）定性分析

①文献研究法

本书根据研究主题归纳整理相关领域的文献，包括融资租赁、售后回租、去产能政策、企业投融资期限错配、债务治理效应等研究领域的国内外学术文献，从而了解相关领域的历史和现状。在总结文献的过程中，本书尤其注重分析国外租赁理论的适用基础，并判断其是否适用于解释中国的租赁市场。

②调查法

本书对于研究中出现的一些租赁实务问题向业内人士开展了访问调查。比如，在第4章的研究中，对于“去产能政策发布后产能过剩类的承租人是否增加”这个问题，本书调查了多位就职于融资租赁公司和金融租赁公司的销售人员。对于2009年国务院发布的《国务院关于加快推进产能过剩行业结构调整的通知》这一政策的有效期问题，本书咨询了多位租赁公司的高管与法务人员。另外，在第5章和第6章的研究中，本书向租赁公司的相关从业人员咨询了承租人资金用途、“中登网”对租赁公司运营的影响等问题。

③比较分析法

本书通过对比中国与欧美等国家租赁市场的差异，明确了中国租赁市场的独有特征，进而为判断国外租赁理论的适用性提供了依据，也为结合中国国情来探究企业以售后回租方式借款的动机和结果奠定了基础。

（2）定量分析

①面板回归法

本书进行实证研究的数据类型为多个截面个体在多个时点上的面板数据，因此在大部分基准回归中，本书都采用控制了时间效应的双向固定效应回归来进行估计。这种回归方法的好处是能够控制随截面改变但不随时间改变的个体异质性，从而得到尽量准确的估计结果。

②双重差分法

在第4章的研究中，本书将国务院于2009年发布的《国务院关于加快推进产能过剩行业结构调整的通知》和2013年发布的《国务院批转发展改革委等部门关于抑制部分行业产能过剩和重复建设引导产业健康发展若干意见的通知》两个政策作为准自然实验，并通过双重差分模型来估计去产能政策对企业以售后回租方式借款的决策影响。由于政府发布的去产能政策基本不会受到微观企业的影响，所以对企业而言，去产能政策可以视为外生，这可以在很大程度上解决内生性问题，从而得到比较准确的估计结果。

③非线性回归法

在第4章和第5章的研究中，有些被解释变量为呈现“0~1”两点分布的哑变量，而有些被解释变量则为呈现归并（censored）特征的有界值。比如，“企业是否以售后回租方式借款”这一决策就属于取值为0或者1的变量，企业的售后回租借款额与总资产的比率是取值小于1的有界值。为了得到更为稳健的结果，本书根据被解释变量的数据特征，采用相应的非线性回归得到估计结果，具体的非线性回归包括Logit回归、Probit回归和Tobit回归。

④两阶段最小二乘法

在第5章的研究中，考虑企业投融资期限错配程度和其“是否以售后回租方式借款”的决策之间可能存在反向因果的内生性问题，本书在稳健性检验部分采用两阶段最小二乘法来解决内生性问题。具体地，本书选取企业所在行业前一年的投融资期限错配程度平均值作为企业层面的投融资期限错配程度工具变量进行回归，以获得更为稳健的估计结果。

⑤倾向得分匹配法

在第6章的研究中，考虑售后回租和企业代理成本、企业价值之间可能存在由反向因果而导致的内生性问题，本书采用倾向得分匹配法对回租借款样本和无回租借款样本进行配对，再通过对比配对样本之间的代理成本和企业价值的差异得到更稳健的结果。

⑥中介效应分析法

在第6章的研究中，为了证实售后回租降低企业价值的机制是否降低了总资产周转率，本书借鉴Baron 和Kenny（1986）的方法及Sobel（1982）提出的中介因子检验法来分析售后回租对企业价值在总资产周转率这一路径上是否存在中介效应。

1.4.2 数据来源

由于上市公司在其财务报表中披露与售后回租和融资租赁有关的信息，所以本书将上市公司作为研究对象。考虑中国的融资租赁业从2007年开始再次发展，并保持长达十年的迅猛增长趋势，本书将研究时间段定为2007—2016年。所以，本书的初始样本为2007—2016年沪深两市的A股上市公司。进一步地，本书按照以下标准对样本进行筛选和处理：

第一，剔除金融行业和公用事业行业的上市公司。

第二，剔除数据缺失样本。

第三，为消除极端值对本书结果的影响，本书对所有连续变量在1%~99%水平上的数据进行缩尾处理。

需要指出的是，在本书第4章至第6章的实证研究中，每章用于实证分析的初始数据完全相同。但依据各章研究主题的特征，各章实证模型中所选取的研究变量不同，而初始样本中不同变量的缺失程度又存在差别，所以各章的最终样本数量会存在细微差异。具体地，第4章、第5章和第6章的实证研究中的最终总样本数量分别为15630个、15516个和15445个。可见，各章的最终样本数量都超过15000个，且各章之间的样本数量变动很小，所以各章样本数量的细微差异不会影响本书研究的整体性和一致性。

本书所有有关售后回租的数据均为手动整理，其具体数据来源包括以下三个方面：

第一，报表中“融资租入固定资产”“一年内到期的应付融资租赁款”“应付融资租赁款”等科目及附注。

第二，报表中“重大合同及其履行情况”中披露的租赁合同信息。

第三，现金流量表“收到的其他与筹资活动有关的现金”项目下披露的“收到的融资租赁（售后回租）的资金”。

本书中有关上市公司的其他财务数据来自国泰安CSMAR数据库。

1.5 创新点与不足

1.5.1 创新点

本书的创新点主要体现在研究视角的创新、研究方法的创新和数据丰富度的创新三个方面。

（1）研究视角的创新

在研究视角方面，本书关注融资租赁业近十年来发展迅速的新型金融行业，并聚焦中国融资租赁业脱离本源这一极具现实意义的问题。本书认为中国融资租赁业脱离本源现象的核心体现是以承租人提供纯粹资金融通的售后回租交易作为研究对象，并试图尽量客观地展现售后回租交易对经济产生的正面效应和负面效应。具体地，本书选择了三个研究角度，分别是第4章的规避去产能政策的视角、第5章的缓解投融资期限错配的视角和第6章的债务治理效应的视角。这三章实证分析体现了本书研究视角的创新性，具体体现在以下两个方面：

第一，本书在第4章和第5章分别从规避去产能政策的视角和缓解投融资期限错配的视角分析了企业以售后回租方式借款的需求来源。现有租赁领域的文献以国外研究为主，由于中国融资租赁市场与国外存在显著差异，国外的租赁理论无法有效地解释中国企业的租赁动机；国内租赁领域的文献普遍存在盲目照搬国外有关融资租赁理论的问题，这导致学术界非常欠缺能够恰当解释中国企业租赁动机的文献。本书紧密结合中国的实际国情，选取了贴合现实背景的两个角度来分析中国企业的有关融资租赁动机，这丰富了现有的有关融资租赁理论，为解释中国企业的租赁动机以及过去十年来中国融资租赁业的迅速增长提供了新的研究方向。

第二，本书在第6章探讨了售后回租交易的债务治理效应，并基于售后回租交易的特征，从债务追索机制、日常监督机制和资金用途机制三个角度探讨了售后回租交易产生治理效应的可能渠道。第6章的研究内容在债务治理效应和售后回租这两个研究领域体现了本书研究视角的创新性。在债务治理效应的研究领域，大部分文献探讨了贷款的治理效应，但尚没有文献对售后回租的治理效应进行研究。在售后回租的研究领域，尽管一些文献关注了售后回租的债务追索机制和资金用途机制，但其都没有从治理效应的角度对这两个机制进行研究。比如，现有文献主要分析了债务追索机制对于缓解承租人融资约束的作用，以及资金用途机制对企业市场价值的影响（Eisfeldt and Rampini，2009；史燕平等，2014）。对于售后回租的日常监督机制，学术文献更是鲜少关注，主要是租赁业界的指导类书籍从租赁公司的经营管理角度论述了日常监督机制的必要性[①]。本书从债务追索机制、日常监督机制和资金用途机制三个角度分析售后回租交易的治理效应，拓展了债务治理效应和售后回租领域的研究视角。另外，在6.4部分，在分析如何提高售后回租对民营企业的治理效应时，本书从中国租赁业的制度待完善部分入手，探讨了中国租赁业基础设施的完善和法律制度的改进对售后回租的治理效应的影响，这体现了法律与经济学的融合，从宏观制度的角度为提高融资租赁的治理效应提供了新思路。

（2）研究方法的创新

在研究方法上，本书在定性方法和定量方法上都体现了一定的创新性。在定性方法上，本书采用了调查法对租赁业的从业人员进行访谈，被访谈对象包括租赁公司的销售人员、法务人员等一线从业人员，也包括总经理、风控总监等高管人员，这从多个层面为本书提供了有关行业实际情况的一手资料，也使本书的研究视角具有更强的现实意义。

---

① 比如，Amembal和Halladay（1995）在*Equipment Leasing Handbook*一书中论述了租赁公司贷后管理的内容，也就是本书中所说的“日常监督机制”。

在定量方法上，本书采取双重差分法、两阶段最小二乘法、倾向得分匹配法等多种方法解决可能存在的内生性问题，得到变量之间尽可能准确的估计结果。首先，在第4章的研究中，本书将政策作为准自然实验，并设计双重差分模型分析了去产能政策对企业以售后回租方式借款的决策影响，从而得到比较可信的估计结果。其次，在第5章的研究中，考虑企业的投融资期限错配和其以售后回租方式借款的决策之间可能存在联系因果关系，本书将企业所在行业的投融资期限匹配程度的均值作为企业投融资期限匹配程度的工具变量进行回归。由于各企业的投融资期限错配情况会呈现一定的行业特征，因此企业的投融资期限匹配程度与其所在行业的投融资期限匹配程度的均值呈现正相关。但是，各行业投融资期限匹配程度的均值很难对企业是否以售后回租方式借款的决策产生影响，因此该工具变量能够解决企业的投融资期限错配与其以售后回租方式借款的决策之间的反向因果问题。最后，在第6章的研究中，考虑企业的回租借款决策与其代理成本和企业价值之间可能存在反向因果的内生性问题，本书采用倾向得分匹配法对回租借款企业和无回租借款企业进行配对，然后通过对比配对样本之间的代理成本和企业价值是否存在显著差异，得到更可信的结论。

（3）数据丰富度的创新

在实证数据上，本书通过手动整理的上市公司售后回租信息构建全面、翔实的售后回租数据库，为进行多角度的实证研究奠定了基础。目前，世界范围内针对售后回租的实证研究比较少，其中一个重要原因就是售后回租在报表中没有专门的科目，其数据无法在标准的数据库中进行下载。中国大部分企业都会在财务报表的“应付融资租赁款”等科目及附注、“重大合同及其履行情况”等处披露有关售后回租交易的信息。本书对这些数据进行手动整理，搜集了关于售后回租交易的多维度数据，包括售后回租融资额、出租人、租期等。有关售后回租交易的全面数据有助于本书从多角度进行深入的实证分析，也保证了估计结果的可信度。

1.5.2 不足

本书研究的不足主要包括以下两个方面：

第一，受样本类型及数据来源的限制，本书对中国企业的租赁动机的探讨并不详尽。由于上市公司公开披露的财务报表里对售后回租交易进行了披露，因此本书将研究对象确定为上市公司，并从上市公司的角度探讨了中国企业以售后回租方式借款的动机，具体包括规避去产能政策的动机和缓解投融资期限错配的动机。但实际上，除了上市公司外，售后回租交易还有其他类型的承租人，承租人也还有其他的租赁动机。比如，政府融资平台就是一类重要的承租人，其以售后回租方式借款的主要动机是规避国家对其实施的融资限制。如果未来能够获得政府融资平台的相关数据，那么本书可以进行后续研究。

第二，由于当前直接租赁交易在中国占比很低，上市公司采用的直接租赁交易非常少，其披露的数据不足以进行实证研究，这导致本书无法对售后回租的治理效应进行更深入的研究。比如，在第6章关于售后回租的债务治理效应的探讨中，本书提出“售后回租不限制资金用途这一特征可能使其形成负面的治理效应”这一观点。而直接租赁和售后回租的主要区别就是其限制了企业的资金用途，如果能获得有关直接租赁的足够数据，本书可以对这一观点进行更细致的考察。未来，随着中国租赁业的进一步发展，直接租赁交易会逐渐增加，对比直接租赁和售后回租的治理效应可以作为未来的研究方向。

1.6 融资租赁与售后回租的概念界定

本书的研究焦点是中国融资租赁业脱离本源的现象，所以本书选取的研究对象为最能够体现中国融资租赁业脱离本源的业务类型——为承租人提供纯粹资金融通的售后回租交易。在全书中，融资租赁和售后回租这两个概念多次出现，对其语义的准确掌握直接影响对本书研究内容的理解，因此本书在此对融资租赁和售后回租的概念进行界定。

1.6.1 融资租赁

本书的“融资租赁”是广义的融资租赁的概念（Financial Lease），泛指20世纪50年代兴起的为企业提供设备融资的现代租赁交易。从交易的角度界定，融资租赁是指出租人对承租人选定的租赁物件进行以为其融资为目的购买，然后再以收取租金为条件，将该租赁物件中长期地出租给该承租人使用（史燕平，2005）。而在会计角度，与经营性租赁相区别的租赁交易形式，本书用“狭义的融资租赁”来表示。具体地，狭义的融资租赁指符合下列一项或数项标准的租赁交易形式[①]：

第一，在租赁期届满时，租赁资产的所有权转移给承租人。

第二，承租人有购买租赁资产的选择权，所订立的购买价款预计将远低于行使选择权时租赁资产的公允价值，因而在租赁开始日就可以合理确定承租人将会行使这种选择权。

第三，即使资产的所有权不转移，但租赁期占租赁资产使用寿命的大部分。

第四，承租人在租赁开始日的最低租赁付款额现值，几乎相当于租赁开

① 划分狭义融资租赁的标准来自财政部制定的《企业会计准则第21号——租赁》。

始日租赁资产公允价值；出租人在租赁开始日的最低租赁收款额现值，几乎相当于租赁开始日租赁资产公允价值。

第五，租赁资产性质特殊，如果不作较大改进，只有承租人才能使用。

1.6.2　售后回租

售后回租是融资租赁的一种交易模式，其和直接租赁相区别。图1.3和图1.4分别表示了直接租赁和售后回租的交易结构。在直接租赁中，承租人选择租赁物，随后出租人向供货商购买租赁物并租给承租人使用。在售后回租中，企业将自己原来拥有的部分资产先出售给租赁公司以获得融资，然后从该出租人处租回已售出资产。直接租赁与售后回租的一个主要区别是：直接租赁的交易结构明确了资金用途——为承租人引进设备；售后回租只是为企业提供融资，不限制企业的资金用途。因此，直接租赁的目的是为企业提供资金，帮助其引进新设备，实现融资与融物的结合；而售后回租是一种纯粹的资金融通方式。

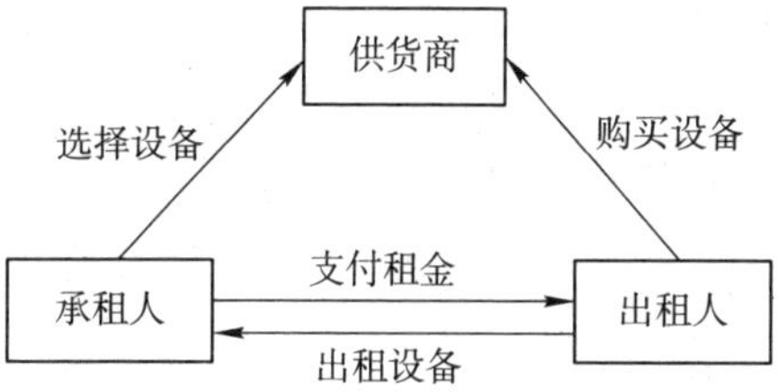

图1.3　直接租赁交易结构

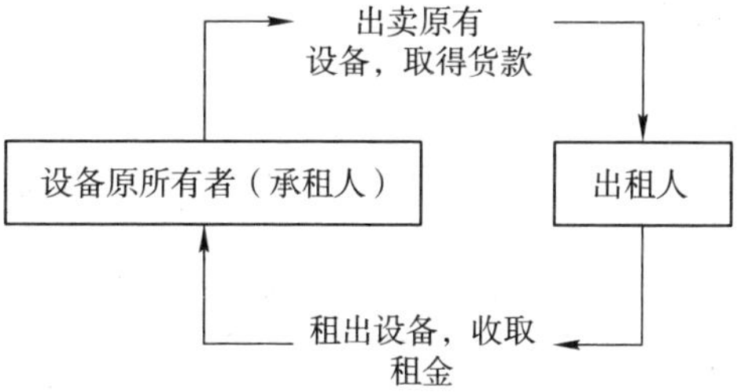

图1.4　售后回租交易结构

需要指出的是，中国的绝大部分售后回租交易都存在脱离本源的现象，但也有极少数的售后回租交易体现了其本质特征。比如，有些航空公司向波音、空客等飞机供应商直接采购飞机可以获得更多折扣，但这些航空公司又需要获得租赁公司的资金支持。因此航空公司和租赁公司会采取售后回租这种变通的交易模式：航空公司先自行向供应商购买飞机，然后将新买的飞机出售给租赁公司获得转让价款，再从租赁公司处将飞机租回使用。航空公司的这种售后回租交易就符合融资租赁交易的本质特征，因为航空公司的最终交易目的是获得新设备，售后回租只是为了降低采购成本而采取的变通模式。

第2章　融资租赁业脱离本源现象的辨析

本书要对中国融资租赁业脱离本源的现象进行研究，这就需要对“何谓脱离本源现象”有清楚的定义。本章通过分析融资租赁交易的本质特征指出判断融资租赁业是否脱离本源的标准：对于一个国家的融资租赁市场而言，如果绝大多数融资租赁交易都满足其本质特征，那么该国的融资租赁业就符合本源定位；反之，如果绝大多数融资租赁交易都没有体现本质特征，那么该国的融资租赁业就存在脱离本源的现象。具体地，本书结合融资租赁交易的本质特征，对欧洲、美国和中国的融资租赁市场是否符合本源定位进行了分析。特别地，本章对美国租赁市场在20世纪80年代初期出现的脱离本源现象——“安全港租赁”的特征进行了总结，并指出美国政府对这类交易的管理思路，这对中国租赁业的监管机构建设具有借鉴意义。

2.1　融资租赁交易的本质特征及其在欧美融资租赁市场的体现

2.1.1　融资租赁交易的本质特征

融资租赁是以资产为交易载体的一种资金融通方式，其交易形式通常为：承租人选定设备后，出租人向供货商购买设备并出租给承租人使用，同时出租人向承租人收取租金。融资租赁是一种金融工具，而融资功能是所有金融工具的共性。不过，每一种金融工具除了融资功能这一共性外，都具有特性来满足不同融资主体的不同需求，这种特性就是各类金融工具的本质特征。每种金融工具的本质特征都各不相同，这是由其微观的交易结构和宏观历史背景下其所能满足的需求定位决定的。比如，银行贷款的特性是银行凭借其信息优势和较低的资金成本为信用资质较好的企业提供资金融通；融资租赁的特性是租赁公司凭借其对租赁物的专业知识，为企业出资购买先进设备供其使用。所以，银行贷款的最终交易目的是为企业提供纯粹的资金融通，而融资租赁的最终交易目的是为企业融物，也就是为企业引进生产设备。可见，租赁物是融资租赁交易的核心要素，也是融资租赁区别于其他金融工具的独有要素。融资租赁交易的本质特征是其在租赁物交易中发挥的作用。具体而言，租赁物的作用体现在以下两个方面：

第一，租赁物代表承租人的最终交易目的。承租人之所以选择通过融资租赁来获取资金，是因为其目的是最终获得租赁物并将其投入生产运营环节。在这个交易目的下，租赁物主要是企业用于生产运营的全新设备。

第二，租赁物对租赁公司起风险保障作用。租赁公司是租赁物的所有权人，这一明确的产权关系受法律的有效保护。与其他类型的债权人相比，租赁公司对租赁物的所有权在提高其债权安全性方面具有独特优势。如果承租人拖欠租金形成违约，那么租赁公司可以通过取回租赁物并处置租赁物来获得偿付。基于租赁物的这种风险保障作用，租赁公司以租赁物为基础开发了全流程的风险控制手段。在租前、租中和租后，租赁物能够为租赁公司提供有关承租人风险的相关信息，并对承租人起约束作用。

所以，只要融资租赁交易中的租赁物体现以上两个方面的作用，那么这样的融资租赁交易就满足其本质特征。因此，如果一个国家的绝大多数融资租赁交易都满足其本质特征，那么该国的融资租赁业就符合本源定位。

2.1.2　欧美融资租赁市场本源定位

近十年来，欧美融资租赁市场是世界租赁业最发达的地区，且欧美融资租赁市场中的绝大部分融资租赁交易都满足本质特征，所以本书以欧美融资租赁市场为例，分析符合本源定位的融资租赁市场在现实中的体现。

第一，欧美融资租赁市场中，绝大部分融资租赁交易的最终目的都是为承租人引进新设备。尽管存在一些以不动产作为标的物的融资租赁交易，但这类交易占比很低。欧洲租赁协会（Leaseurope）披露的数据显示，2007—2016年，与设备租赁交易相比，不动产租赁交易占比非常低。图2.1展示了2007—2016年欧洲不动产租赁交易占设备租赁交易比重的变化。2007年，欧洲不动产租赁交易占设备租赁交易的16.00%，此后该比值基本呈下降趋势。2016年，欧洲不动产租赁交易仅占设备租赁交易的5.00%。可见，近几年在欧洲融资租赁市场中，90%以上的融资租赁交易的标的物都是设备，这在一定程度上印证了融资租赁交易为承租人引进设备的交易目的。

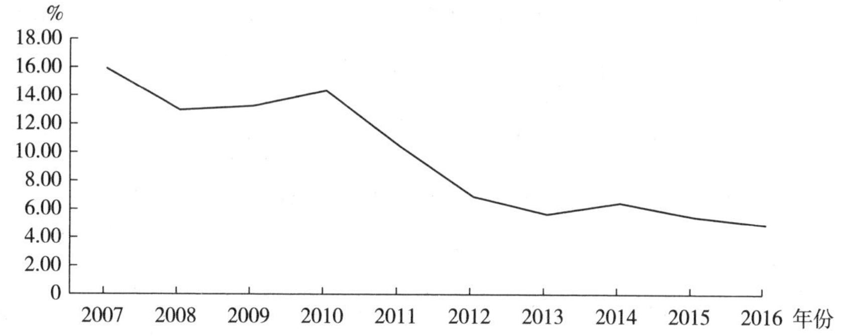

图2.1　2007—2016年欧洲不动产租赁交易占设备租赁交易比重的变化

资料来源：笔者根据欧洲租赁协会（Leaseurope）披露的数据整理而得。

第二，欧美融资租赁市场中，绝大部分融资租赁交易中的租赁物都对租赁公司起到风险保障的作用，租赁公司也围绕租赁物开发了一系列的风险控制手段。在租赁交易开始前，租赁公司放款的标准是企业利用租赁物进行生产所产生的收益可以偿还租金。租赁公司基于其对租赁物的专业知识，判断承租人利用租赁物进行生产所能产生的现金流，如果现金流足以偿还租金，那么租赁公司就愿意为承租人购买设备并租给其使用。在租期内，租赁公司通过GPS定位、远程控制等物联网技术实现对租赁物的控制，并获取有关承租人的经营信息。如果承租人拖欠租金形成违约，租赁公司作为租赁物的所有权人，可以取回并处置租赁物以获得偿付。

2.2 融资租赁业脱离本源的现象及其在美国和中国的体现

2.2.1 融资租赁业脱离本源的现象

本书的2.1.1部分指出，租赁物是融资租赁交易的核心要素，满足本质特征的融资租赁交易中的租赁物应具备以下两个条件：①租赁物代表承租人的最终交易目的——获得全新的生产运营设备；②租赁物能够对租赁公司起到风险保障作用。不具备以上两个条件的融资租赁交易就不满足本质特征。在一个国家的融资租赁市场中，如果绝大多数的融资租赁交易都没有体现本质特征，那么该国的融资租赁业就存在脱离本源的现象。

2.2.2 美国融资租赁市场的脱离本源现象

本书的2.1.2部分指出，近十年来，欧美融资租赁市场中的绝大部分融资租赁交易都满足本质特征。但20世纪80年代，美国融资租赁市场出现过脱离本源的现象，其盛行一时的“安全港租赁”（Safe harbor leases）就不满足融资租赁交易的本质特征，但这种租赁交易只存续了两年左右就被政府部门禁止了。“安全港租赁”是专门用于转移税务优惠（tax benefit）的一种售后回租交易，这种交易在转移税务优惠方面得到美国政府的政策优待。融资租赁交易转移税务优惠的功能是指，在租赁交易中，高税率企业作为出租人、低税率企业作为承租人，而与租赁物有关的税务优惠（投资税收抵免的税务优惠和租赁物折旧的税务优惠）由出租人享受。由于出租人的税率更高，其获得的税务优惠也更多，这相当于把税务优惠从承租人向出租人进行了转移。不过，美国税法对租赁交易中出租人和承租人的税务权利有清楚的规定，即在税务租赁（true lease）中，只有出租人才能享受与租赁物有关的税务优惠；在非税务租赁中，由承租人享受与租赁物有关的税务优惠。有关税务租赁的划分标准，美国各地的税务机关并没有达成统一，但大体上，税务租赁的交易结构和经营性租赁类似，即在税务租赁中，出租人并没有将与资产所有权有关的全部风险和报酬转移给承租人。总之，美国税法对租赁交易转移税务优惠的功能进行了限制，即只有当一笔租赁交易的结构满足税务租赁的规定时，该笔交易才能在出租人和承租人之间进行税务优惠转移。

但是，美国政府于1981年开始推行的“安全港租赁”在转移税务优惠方面却可以不受美国税法的限制。在“安全港租赁”中，即使相关交易结构不满足税务租赁的条件，政府依然允许由出租人享受与租赁物有关的税务优惠。具体地，“安全港租赁”转移税务优惠的机制是：一家企业先将某项资产出售给另一家企业，然后将该项资产租回使用，这是典型的售后回租交易模式。在这笔售后回租交易中，出售资产的企业是承租人，购买资产的企业是出租人。通过售后回租交易，出租人获得租赁物的所有权，并随之获得与租赁物有关的税务优惠。图2.2为“安全港租赁”转移税务优惠机制，由图2.2可知，“安全港租赁”可以将承租人不能使用的税务优惠转移给出租人，但“安全港租赁”没有满足融资租赁交易的本质特征，其主要体现在以下两个方面：

第一，在“安全港租赁”中，承租人的最终交易目的是将自身不能使用的税务优惠转移给出租人，进而和出租人分享节税收益，承租人的交易目的不是获得全新的生产运营设备。

第二，在"安全港租赁"中，租赁物没有对租赁公司起到风险保障作用。租赁公司真正关心的不是租赁物本身的可取回性、价值稳定性等特征，而是租赁物带来的税务优惠。

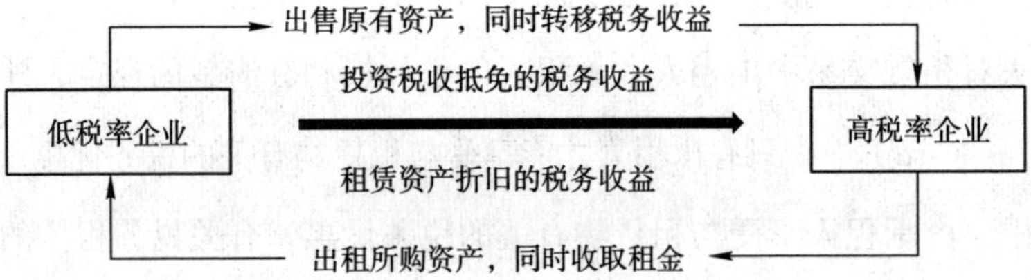

图2.2 "安全港租赁"转移税务优惠机制

"安全港租赁"在美国得以发展的背景是，1981年，美国经济不振，于是政府通过投资税收抵免（Investment Tax Credit）来刺激投资。特别地，为了刺激亏损企业的设备投资需求，政府允许亏损企业使用"安全港租赁"来降低投资成本，这是政府推行"安全港租赁"的政策初衷。也就是说，在"安全港租赁"中，政府让渡了自身的税收利益，希望以此促进亏损企业增加投资。然而，"安全港租赁"自出现以后却被滥用，利润较高的企业通过"安全港租赁"实现大规模避税，并出售多余的税收抵免；一些集团内部的子公司之间通过"安全港租赁"降低集团整体的税负水平。被滥用的"安全港租赁"在美国引起了广泛争议。时任美国经济顾问委员会主席的艾伦·格林斯潘将"安全港租赁"称为"营养不良公司的粮票"。被滥用的"安全港租赁"明显违背了政府部门的政策期待——降低亏损企业的投资成本，于是政府部门在1982年颁布法令对"安全港租赁"的避税功能进行严格限制。

2.2.3 “入世”后中国融资租赁市场的脱离本源现象

如本书的1.1部分所说，“入世”后的中国融资租赁业存在较严重的脱离本源现象，绝大多数租赁交易都是为承租人提供纯粹的资金融通的售后回租业务，而这类售后回租交易没有满足融资租赁交易的本质特征，其主要体现在以下两个方面：

第一，在售后回租交易中，承租人的最终交易目的是获得纯粹的资金融通，而不是获得全新的生产运营设备。所以，这类售后回租交易中的租赁物只是为了满足售后回租的交易结构而存在的“形式要件”，承租人大多从已有的旧资产中选择一项或几项作为租赁物，甚至很多交易采用不动产作为租赁物。所以，售后回租交易并没有为承租人引进全新设备，而只是提供一笔不限制用途的资金。

第二，在售后回租交易中，租赁物无法对租赁公司起到风险保障作用。由于租赁物仅是“形式要件”，租赁公司在交易之初就没有将租赁物作为风险保障机制。租赁公司并不关注租赁物的实际价值，只要租赁物的发票齐全、不存在产权瑕疵，租赁公司就会对其认可。为了控制风险，租赁公司采用商业银行管理贷款的风控手段来保护其债权。比如，租赁公司会重点审核承租人的规模、财务状况等信用资质，并要求承租人附加担保、抵押等保障措施。承租人违约后，很多租赁公司难以通过处置租赁物来获得补偿，其主要原因有以下两点：一是大多数租赁物为旧资产，折损程度较高，处置收益十分有限；二是很多租赁物为不动产，租赁公司难以对其进行取回和处置。

2.2.4 中美两国融资租赁市场脱离本源现象的启示

通过对比本书2.2.2部分和2.2.3部分中的中美两国租赁市场的脱离本源现象的相关内容，本书得到以下两个方面的启示。

第一，售后回租因其交易结构特征易于成为脱离本源的套利工具。在中美两国的融资租赁市场存在的脱离本源现象中，没有满足融资租赁交易本质特征的租赁交易模式都是售后回租。这种交易模式上的重合并非偶然，而是售后回租的交易结构决定了其易于被设计成套利工具。在售后回租交易前后，承租人并没有增加新资产，只是完成一个将已有资产出售又租回的过程。所以，承租人进行售后回租的目的很可能不是引进新设备，而是进行税务套利或融资套利。相比之下，直接租赁的交易结构直接限定了其交易目的——为承租人引进设备。在直接租赁交易前后，承租人增加了新资产，这就决定了承租人进行直接租赁的目的就是引进新设备。

第二，政府部门应当依据其政策初衷和行政权力对融资租赁市场中的脱离本源现象进行管理。本书的2.2.2部分指出，美国政府之所以推行"安全港租赁"，是因为希望通过让渡自身的税收利益来促进亏损企业增加投资，所以政府才赋予"安全港租赁"转移税务优惠的功能。但"安全港租赁"却成为税务套利工具，这违背了美国政府的政策初衷，于是美国政府于1982年对"安全港租赁"的避税功能进行严格限制。可见，美国政府依据其政策初衷和行政权力对"安全港租赁"进行了管理，当发现"安全港租赁"违背其政策初衷时，政府就限制了"安全港租赁"的避税功能。自2007年中国租赁业再次发展以来，中国政府对租赁业寄予厚望，期待融资租赁在促进产业转型升级、拓宽中小微企业融资渠道等方面发挥积极作用①。为了协助租赁业完成这些政策期待，在过去十年里，中国的各级政府部门在营商环境、财税政策等方面给予租赁业多项优惠待遇。综上，一个具有现实意义的问题是，在脱离本源的现象下，中国融资租赁业起到的作用是否与政府的政策期待相一致？本书认为，如果中国的

① 政府对租赁业的政策期待参考《国务院办公厅关于促进金融租赁行业健康发展的指导意见》《国务院办公厅关于加快融资租赁业发展的指导意见》等政策文件。

绝大多数售后回租交易没有实现政策期待，或者其发挥的作用与政策期待完全相反，那么政府部门应当取消这类业务享受政策优待的权利。本书的研究将对“脱离本源现象下的售后回租交易是否完成政策期待”这一问题进行回答。

2.3　中外融资租赁市场的主要因素比较

根据融资租赁交易的本质特征，本书的2.1.2部分和2.2.3部分对欧美融资租赁市场和中国融资租赁市场是否符合本源定位进行了界定，并指出近十年来欧美融资市场符合本源定位，而“入世”后的中国融资市场存在较为严重的脱离本源现象。但本书前文仅指出中外融资租赁市场中的融资租赁交易是否满足本质特征的核心体现。实际上，从是否脱离本源的角度来看，中外融资租赁市场在交易模式、租赁公司的风险控制手段和租赁物特征等方面存在多种差别。接下来，本书基于是否脱离本源的视角，对中外融资市场进行更为细致的对比。

2.3.1　交易模式的差别

在交易模式上，欧美租赁市场的融资租赁交易以直接租赁为主，而中国租赁市场的融资租赁交易以售后回租为主。直接租赁和售后回租是融资租赁的两种交易模式，直接租赁的交易结构直接限定了其交易目的——为承租人引进设备，但售后回租的交易目的则存在两种可能。正如本书1.6部分所说，中国的一些航空公司为了降低采购成本通过售后回租的交易模式引进新设备，这种售后回租业务依然符合融资租赁的本质特征。但在中国，以引进新设备为目的的售后回租交易占比很低，绝大多数售后回租交易的目的都是为承租人提供纯粹的资金融通，这就脱离了融资租赁的本质特征。正常情况下，如果最终的交易目的是获得新设备，那么采取直接租赁的交易形式一定更加方便。所以，直接租赁和售后回租这两种交易形式的占比可以作为判断一个国家融资租赁市场是否脱离本源的直观指标之一。

2.3.2 租赁公司风险控制手段的差别

在租赁公司的风险控制手段上，欧美租赁市场中的租赁公司将租赁物作为主要的风险保障机制；而中国租赁市场中的租赁公司主要采取商业银行管理贷款的风险控制手段，如审核承租人的规模、财务状况等信用资质，并要求承租人提供担保、抵押等保障措施。

在欧美租赁市场中，租赁公司的风险控制手段基本都是由租赁物衍生而来的。由于租赁物能够起到风险保障作用，所以租赁公司会降低对承租人信用资质的要求，如对承租人的规模、财务状况等指标要求较低，也很少要求承租人提供抵押和担保。如本书的2.1.2部分所指出的，欧美租赁市场中的租赁公司将租赁物作为最主要的风险保障机制，通过判断租赁物产生的收益、一系列的物联网技术等措施来降低风险。而在中国租赁市场中，由于大部分售后回租交易中的租赁物仅为“形式要件”，租赁公司没有将其作为风险保障机制，所以租赁公司依然采取和银行管理贷款相类似的风险控制手段，承租人的信用资质、担保和抵押物情况是租赁公司的主要考量对象。

2.3.3 租赁物特征的差别

在租赁物的特征上，欧美租赁市场的租赁物主要为可移动的新设备，其具备易取回、易处置的特征；而中国租赁市场的租赁物主要为旧资产，很多租赁物都难以取回，处置价值也很低。这是因为中国绝大部分的融资租赁交易为不满足本质特征的售后回租交易，这类售后回租交易中的租赁物主要分为三类：旧设备、旧的不动产（比如管网）和无形资产（比如著作权、专利权等）①。

租赁公司是否将租赁物作为风险控制手段直接决定了租赁物的特征。在欧美租赁市场，租赁物是租赁公司的风险控制手段。当承租人违约时，租赁公司需要通过取回并处置租赁物来获得收益。所以，租赁物应当具备易取回、易处置的特征。而在中国租赁市场，对于贷款性质的售后回租交易来说，租赁物仅是为了满足售后回租的交易结构而存在的“形式要件”，租赁公司并没有将其作为风险保障机制，所以出现不动产和无形资产等难以取回、难以处置的租赁物。表2.1总结了中外融资租赁交易在租赁交易模式、租赁公司风险控制手段和租赁物特征方面的具体对比。

表2.1　中外融资租赁交易的对比

	欧美租赁市场	中国租赁市场
租赁交易模式	直接租赁	售后回租
租赁公司风险控制手段	由租赁物衍生的风险控制手段	承租人的信用资质以及抵押、担保等
租赁物特征	易取回、易处置的新设备	旧设备、旧不动产以及无形资产

2.4　中国融资租赁业脱离本源现象的研究角度及本书的研究角度

对中国融资租赁业脱离本源这一现象进行研究，可以从很多研究视角入手。从原因上看，外部环境、出租人和承租人这三个层面的因素共同造成中

① 比如，华夏幸福（600340）多次将地下管网作为售后回租交易的标的物；长城动漫（000835）将其部分游戏作品的软件著作权作为售后回租交易的标的物。

国融资租赁业脱离本源的现象的出现。

从外部环境的层面来看，中国融资租赁业有待完善的监管和法律制度、租赁物登记查询系统的有待完善是造成中国融资租赁业脱离本源的部分原因。首先，2007—2016年，中国融资租赁业的监管部门采用对金融业务的通用监管方式来监管租赁公司，却没有基于融资租赁交易的本质特征来设定监管指标。以监管体系较为完善的银监会为例，从《金融租赁公司管理办法》可见，银监会对融资租赁业务设定的监管指标与贷款相似，主要集中在资本充足率、客户集中度等方面，但对租赁物是否为新设备没有进行规定，而租赁物的这一特征却最能体现融资租赁交易的本质，这为租赁公司从事贷款性质的售后回租交易提供了可行空间。其次，在法律制度上，中国的法律体系没有对承租人恶意处置租赁物时租赁公司如何对抗善意第三人的问题给出完善的解决方案。承租人恶意处置租赁物是指承租人自身陷入经营困境或现金流周转出现困难时，其在出租人不知情的情况下将租赁物转卖给他人的行为。租赁公司发现后只能寻求司法途径来解决这类问题。《中华人民共和国物权法》规定，如果购买租赁物的第三方对租赁物的权属关系并不知情，那么其属于善意第三人。租赁公司对租赁物的所有权不能对抗善意第三人，这会导致租赁公司无法取回租赁物并承担高额损失，这对租赁公司开展满足本质特征的设备租赁业务产生阻碍。最后，中国一直没有建立统一的租赁物登记查询系统，而这一系统应当是租赁业最重要的基础设施之一，其对明确租赁物的产权具有关键作用，也是租赁公司对抗善意第三人的基础。尽管过去十年来中国人民银行征信中心、商务部等部门陆续建立租赁物登记查询系统，但不同租赁公司、不同类型租赁物的多头登记问题一直存在，并且现存的租赁物登记查询系统缺乏足够的法律效力，这也在一定程度上阻碍了租赁公司顺利开展满足本质特征的设备租赁业务。

从出租人的层面来看，中国租赁公司的战略目标、资源禀赋等因素是造成租赁业脱离本源的部分原因。首先，在中国金融业准入标准严格而利润率又极高的背景下，很多投资人都希望通过从事金融业务来获取高额利润。2007年，中国融资租赁业的监管部门放宽了租赁公司的准入门槛后，租赁公司的牌照成为申请难度最低的金融业务牌照之一。于是，很多投资人以从事金融业务为目标申请了租赁公司的牌照，但其对融资租赁交易的本质特征并不了解。这些投资人在运营租赁公司时的战略目标是，只要能够从事具备杠杆属性的放贷业务即可，对其从事的业务是否满足融资租赁交易的本质特征并不在意。所以，相当一部分租赁公司投资人的战略目标偏离了融资租赁交易的本质特征。其次，中国的大部分租赁公司在从事满足本质特征的融资租赁业务时资源禀赋有限，这主要体现为专业人才的缺失。中国租赁公司的大部分高级管理人员及核心业务人员都来自银行系统，其习惯用开展贷款业务的思路开展租赁业务，所以其更为看重承租人的信用资质和抵押、担保等要件，却不重视租赁物本身的风险保障功能。所以，租赁公司的专业化程度不足也是其开展贷款性质的售后回租交易的重要原因之一。

但是，考虑数据可得性和实验设计的可行性，对以上两个层面难以进行实证研究。作为承租人的上市公司在财务报表中披露了和售后回租有关的数据，这为从承租人的角度进行实证研究奠定了数据基础，所以本书选择从承租人的角度对中国融资租赁业脱离本源的问题进行研究，并力图从承租人的视角探究中国融资租赁业脱离本源的原因和结果，这是本书的重点研究内容。

从承租人的层面来看，承租人之所以以售后回租的方式借款，是因为银行贷款、发债等渠道没有为其提供足够的资金，如果银行贷款、发债等渠道能够为企业提供足够的资金，那么企业必然不会选择通过交易程序烦琐、融资利率较高的售后回租来获取资金。所以，企业没有被银行贷款、发债等渠道满足的融资需求是租赁公司开展贷款性质售后回租交易的原因之一。如果能够找出企业以售后回租方式借款的动机，也就能够从需求端来解释中国融资租赁业脱离本源的原因。进一步地，想要对中国融资租赁业脱离本源的问题进行客观评价，就要清楚贷款性质的售后回租交易给承租人带来哪些后果。所以，本书就从规避去产能政策、缓解投融资期限错配和债务治理效应等角度分析企业以售后回租方式借款的结果。

第3章 文献综述

尽管学术界尚无文献对中国融资租赁业脱离本源的现象进行直接研究，但国内外融资租赁及售后回租领域的相关研究为本书的研究奠定了良好基础。本章对国内外有关融资租赁和售后回租的研究进行概要综述，待本书后文从承租人的视角探究中国融资租赁业脱离本源的原因和结果时，再结合具体的研究对相关领域的文献进行具体回顾。

由于欧美国家的融资租赁业和中国融资租赁业的发展存在较大差异，国内外有关融资租赁和售后回租的研究角度也不尽相同，所以本章分别对国外文献与国内文献进行回顾。

3.1 国外融资租赁及售后回租研究领域的文献综述

3.1.1 国外研究中融资租赁与售后回租的度量与识别

如本书的1.6.1部分所指出的，从会计学角度来看，广义的融资租赁包括狭义融资租赁和经营性租赁。对于承租人而言，无论是狭义融资租赁还是经营性租赁都在其报表中有固定的披露格式。狭义融资租赁在资产负债表中披露相应的租赁资产和负债；经营性租赁在财务报表附注中披露。由于中国目前的绝大部分售后回租交易属于狭义融资租赁，所以本书只对狭义融资租赁的度量方式进行总结。现有文献对狭义融资租赁的度量指标可以分为基于资产科目的度量方式和基于负债科目的度量方式。

基于资产科目的度量方式是指对企业的融资租入固定资产净值进行标准化的形式来衡量融资租赁比率。一般来说，该比率的分子为企业融资租入固定资产净值，分母为固定资产净值或总资产净值。例如，Sharpe和Nguyen（1995）在衡量美国企业的狭义融资租赁比率时，将固定资产净值作为分母。Adedeji 和Stapleton（1996）、Deloof 和Verschueren（1999）在分别度量英国企业和比利时企业的狭义融资租赁比率时，将总资产净值作为分母。

基于负债科目的度量方式是指对企业的融资租赁应付款进行标准化的形式来衡量融资租赁比率。一般来说，该比率的分子为一年以内到期的租赁应付款和一年以上到期的租赁应付款之和，分母为总资产净值。例如，Beattie等（2000）在度量英国企业的狭义融资租赁比率时，采用了基于负债科目的度量方式。

与狭义融资租赁不同，售后回租在财务报表中并没有标准的披露科目。国外研究识别售后回租交易的方式一般是通过检索引擎，在财务新闻类数据库中获取有关企业售后回租交易的信息。如Schallheim等（2013）在研究美国企业的售后回租交易时检索的数据库包括Dow Jones Interactive、Moody’s Bank and Finance Manual、Reuters’ Business Briefing、Factiva、the Wall Street Journal、LexisNexis和Bloomberg。售后回租交易的度量方式一般有两种：第一种度量方式是售后回租哑变量。如果企业当年通过售后回租获取资金，那么该哑变量取值为1，否则取值为0。如Wells 和Whitby（2012）采用该指标度量企业的售后回租交易。第二种度量方式是售后回租比率。该比率的分子为企业通过售后回租获取的融资额，分母一般为总资产净值。如Schallheim等（2013）的研究采取了售后回租比率的衡量方式。表3.1总结了现有文献对狭义融资租赁及售后回租的度量方式。

表3.1　现有文献对狭义融资租赁及售后回租的度量方式

交易类型	识别方式	度量方式	研究
狭义的融资租赁	通过资产负债表进行识别，如果融资租入固定资产或租赁应付款科目为正，则存在狭义的融资租赁	基于资产科目：对融资租入固定资产净值进行标准化	Sharpe 和 Nguyen（1995）；Adedeji 和 Stapleton（1996）；Deloof 和 Verschueren（1999）
		基于负债科目：对融资租赁应付款进行标准化	Beattie 等（2000）
售后回租	通过检索引擎在财务新闻类数据库中获取有关企业售后回租交易的信息	售后回租哑变量：如果企业有售后回租交易，则取值为 1，否则取值为 0	Wells 和 Whitby（2012）
		售后回租比率：售后回租融资额 / 总资产	Schallheim 等（2013）

3.1.2　国外融资租赁研究

本书的研究与融资租赁领域的两个研究方向密切相关，第一个方向是“租赁与其他负债的关系”，第二个方向是“企业租赁动机”。

“租赁与其他负债的关系”主要探讨了租赁与其他负债是呈现替代关系还是互补关系。从理论上分析，两种关系皆有可能。比如，Myers等（1976）认为，租赁和其他负债是替代关系，其原因是企业的负债能力（Debt Capacity）是固定的，随着租赁所占总负债份额的增加，其他负债的份额就会相应减少。有些学者的研究则表明，租赁与负债可能是互补关系。比如，Lewis和Schallheim（1992）从税务角度建立理论模型，提出了“税负差异理论”。该理论将租赁描述成一种可以转移的“纳税抵扣”机制，在这种机制的作用下，承租人可以将其“纳税抵扣”转移给出租人，出租人将获得的税收优惠再以降低租金的方式回馈承租人，进而双方共同受益。承租人在转移走部分“纳税抵扣”后，其潜在的“纳税抵扣”数额有所增加，因此理论上其负债能力也相应增加，因此租赁与其他负债可能呈现互补关系。Eisfeldt和Rampini

（2009）从资产取回能力的角度建立理论模型，提出“融资约束理论”。其模型的基础假设是在承租人破产时，出租人可以获得的补偿要多于抵押贷款的债权人。这是因为美国破产法规定，在承租人破产时，出租人可以第一时间取走租赁物，但抵押贷款的债权人则需要等到“自动中止期”（The Automatic Stay）结束后，才能行使对抵押品的拍卖权（Foreclosure）。该模型证明了对于融资约束程度较高的承租人，出租人的资产取回优势（Ability to Repossess）使租赁赋予承租人更多的负债能力，这使租赁与其他负债可能呈现互补关系。很多学者从实证角度探究了租赁与其他负债的关系，但其并没有得到一致结论。有些研究结果表明两者呈替代关系（Bayless and Diltz，1986；Marston and Harris，1988；Yan，2006；Lin et al.，2013；Singh，2013）；有些研究表明两者呈互补关系（Ang and Peterson，1984；Finucane，1988）；还有研究表明两者的关系受资产规模等其他因素的影响（Lasfer and Levi，1998）。

“企业租赁动机”主要探讨了作为承租人的企业开展融资租赁交易的动机。现有文献指出，获取税务收益、缓解融资约束是企业进行租赁的两大动机，本书简称之为“税务动机”和“融资约束动机”。“税务动机”的原理与本书前文中Lewis和Schallheim（1992）提出的逻辑一致：在具备“纳税抵扣”转移功能的租赁交易中，低税率企业作为承租人，高税率企业作为出租人，双方可以共享节税收益。该动机得到实证研究的证实，即税率越低的企业租赁比率越高（Sharpe and Nguyen，1995；Barclay and Smith，1995；Shanker，1997；Graham et al.，1998）。“融资约束动机”的原理和本书前文中Eisfeldt和Rampini（2009）提出的资产取回模型的逻辑一致：当承租人破产时，法律对出租人债权的保护力度要大于对其他债权人的保护。因此，对于融资约束程度较高的企业来说，出租人面临的风险要小于其他债权人的风险，这就使租赁公司愿意为融资约束程度较高的企业提供资金支持。在实证方面，学者普遍采取一系列财务指标来衡量融资约束，并证实具有规模小、现金流低、不支付股利等特征的企业的租赁比率更高（Krishnan and Moyer，1994；Sharpe and Nguyen，1995；Eisfeldt and Rampini，2009；Slotty，2009；Rampini and Viswanathan，2013；Cosci et al.，2015）。

3.1.3　国外售后回租研究

售后回租领域主要探讨了售后回租的财富效应。在理论上，Kim等（1978）指出，售后回租交易可能引起债权人与股东之间的财富转移效应。其原因是，在售后回租交易发生前，债权人对资产拥有索取权；而在售后回租交易发生后，债权人的债权保障有所下降，债权人的损失会转为股东的收益。Handa（1991）证明，在信息对称的环境下，“好公司”和“差公司”都倾向于进行售后回租交易来获得税务收益；在信息不对称的环境下，售后回租会释放财务困境的信号，使公司在宣布售后回租交易后出现股价的下跌。一般“坏公司”通过售后回租获得的税务收益会大于市值的损失。因此，“坏公司”依然会进行售后回租交易，但“好公司”不会再进行售后回租交易。在实证上，很多学者通过事件研究的方法探究了售后回租对市值的影响，其结果有正有负。Slovin等（1990）的研究结果显示，美国企业售后回租的累积异常收益率为正，而这种正收益来自于售后回租带来的税收抵免。Ezzell和Vorta（2001）的研究表明，美国企业售后回租的市场反应为正，其原因是售后回租带来税务收益并降低了破产成本。但也有学者的研究表明，售后回租的市场反应为负，其原因是售后回租释放财务困境的信号（Handa，1991；Adams and Clarke，1996）。

除了以上探讨售后回租的财富效应的实证研究外，也有学者利用手工搜集的数据探究了售后回租和其他负债的关系。比如，Schalleim等（2013）使用1980—2011年美国的392个回租样本进行实证研究后发现，售后回租和其他负债既有互补关系也有替代关系，且两者的互补关系可以由“税负差异理论”和“融资约束理论”来解释。

3.2 国内融资租赁及售后回租研究领域的文献综述

目前，有关融资租赁和售后回租的研究主要集中在欧美发达国家，国内有关融资租赁和售后回租的研究比较少，并且绝大部分为法律、会计、税务等方面的定性研究。在法律方面，国内学者主要关注出租人的风险承担问题（胡晓媛，2011；蒋建湘、李依伦，2012），并重点探讨了如何通过建立融资租赁登记公示系统帮助出租人对抗善意第三人（程华儿、史燕平，2016；高圣平，2017）。在会计方面，国内学者探讨了租赁公司在项目融资租赁中的租金计算方式（宋晓华等，2010；宋晓华等，2012），以及售后回租业务的会计处理方式（刘铭、徐泓，2014；黄金宇，2015）。在税务方面，国内学者探讨了如何借鉴国外的税收政策促进融资租赁业的发展（杜朝运、邓秋艳，2007；严卫中等，2010），以及“营改增”政策对融资租赁业的影响（刘若鸿、史燕平，2012；张富强、林蔚，2014；李静楠、王利泉，2016）。

一些实证研究注意到中国融资租赁业务与国际融资租赁业务的差异，并尝试结合中国实际情况进行解释。比如，史燕平等（2014）对中国上市公司的售后回租交易进行了事件研究，其结果表明，现金流充裕的公司比现金流紧缺的公司表现更加负面的市场反应，这说明上市公司进行售后回租有滥用现金的可能性。马文杰和丁剑平（2015）利用中国上市公司2003—2012年的融资租赁数据进行实证分析后发现，中国企业进行融资租赁的动机不是融资约束，而是获得财务灵活性。周凯和史燕平（2016）利用2012—2014年省级数据进行实证分析的结果表明，中国融资租赁业近年来的快速增长主要受社会融资需求的驱动，而不是为了满足设备投资需求。

3.3　国内外融资租赁及售后回租研究领域的文献述评

国内外有关融资租赁及售后回租的文献从不同国家的租赁市场特征出发，从多个角度进行了诸多有益研究。尤其是国外融资租赁研究领域的文献已经建立了比较成熟的理论框架，并进行了丰富而精准的实证研究。不过，对于本书关注的中国融资租赁业脱离本源这一现象，现有文献存在以下不足：

第一，国外有关融资租赁和售后回租的研究都是以美国、英国、意大利等欧美国家的企业为研究对象，本书指出，欧美国家的融资租赁交易多为符合本源的设备租赁业务，而中国国内的融资租赁业务多为脱离本源的售后回租交易，所以国外的研究结论并不适用于中国企业。比如，中国的售后回租交易多为狭义融资租赁，而非经营性租赁，但狭义融资租赁并不具备转移“纳税抵扣”的功能，这意味着“税负差异理论”在中国的适用性被极大减弱。

第二，中国国内有关融资租赁和售后回租的研究多以定性研究为主，定量研究非常少，尤其缺乏使用全面翔实的数据来探究承租人以售后回租方式借款的动机和结果的文献。另外，中国国内很多研究都没有关注中国融资租赁业与国外的巨大差异，盲目照搬国外的租赁理论，反而降低了研究的有效性。

第4章　承租人以售后回租方式借款的动机和结果
——基于规避去产能政策的视角

本书的前三章详细介绍了本书的研究问题，明确了本书研究对象的相关概念，并陈述相关领域的现有文献，这些内容为本书研究中国融资租赁业脱离本源这一现象奠定了基础。从第4章起，本书将选取特定的研究视角，从理论和实证层面为本书的研究问题寻找答案。本章选取的研究视角是去产能政策与售后回租的关系。本章试图结合中国政府过去十年解决产能过剩问题的措施，探究承租人以售后回租方式借款的动机和结果。具体地，本章尝试回答以下两个问题：

第一，企业以售后回租方式借款的动机是规避去产能政策的融资限制吗？

第二，企业以售后回租方式借款规避去产能政策的行为产生了哪些结果？

4.1　企业以售后回租方式借款与去产能政策产生联系的现实背景

本书的2.4部分指出，承租人之所以选择以售后回租方式借款，是因为售后回租解决了企业无法从银行贷款、发债等渠道得到的融资需求。经过对融资租赁业的长期跟踪观察后本书发现，承租人对售后回租的需求很可能与去产能政策有关，即产能过剩的企业以售后回租方式借款的目的是规避去产能政策的融资限制。

去产能政策是指中国政府为解决国内钢铁、煤炭等行业的产能过剩问题而颁布的一系列治理措施，其目的是通过政策干预加快市场出清的进程。去产能政策的内容涵盖金融、行政、财税等多方面，其中，金融政策是去产能政策生效的主要手段。金融政策以限制产能过剩企业的融资渠道的方式，达到让企业减产的目的。不过，政府部门在去产能政策中主要对银行贷款、发债和上市等主流融资渠道进行明文限制，相比之下，售后回租这种融资渠道并未受到严格管制。比如，2007—2016年，国务院共发布了两次去产能政策，分别为2009年发布的《国务院关于加快推进产能过剩行业结构调整的通知》和2013年发布的《国务院批转发展改革委等部门关于抑制部分行业产能过剩和重复建设引导产业健康发展若干意见的通知》。这两个去产能政策分别指出："对不符合重点产业调整和振兴规划以及相关产业政策要求，未按规定程序审批或核准的项目，金融机构一律不得发放贷款，已发放贷款的要采取适当方式予以纠正""对未取得合法手续的建设项目，一律不得放贷、发债、上市融资"。可见，去产能政策主要对贷款、发债、上市等主流融资渠道进行明文限制，相比之下，租赁公司所受监管较宽松，其资金投向也比较自由，这就使产能过剩的企业有可能通过售后回租来获取资金，以此规避去产能政策的融资限制。为了初步判断去产能政策与售后回租的关系，图4.1对比了2007—2016年产能过剩企业与非产能过剩企业的售后回租比率（售后回租融资额 ÷ 期初总资产）。由图4.1可知，与非产能过剩企业相比，产能过剩企业的售后回租比率在去产能政策出台后明显增加，这为去产能政策与售后回租的关系提供了初步证据。

上述发现引起本书的研究兴趣：近十年来，中国政府不断强化的去产能政策是否推动了售后回租的增长？二者之间的内在逻辑是什么？为了回答这些问题，本书访谈了几家租赁公司后了解到，在去产能政策实施以后，产能过剩企业的承租人占比明显增加，且其中绝大部分承租人都是通过售后回租交易的方式获取资金，其目的是规避去产能政策的融资限制。这进一步从业界实例的角度印证了去产能政策与售后回租之间的关系。

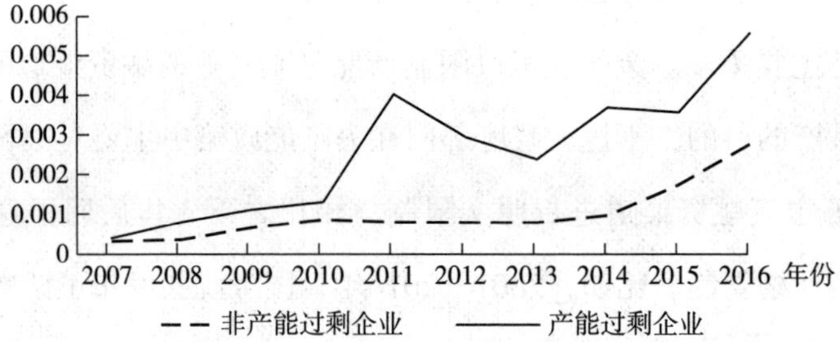

图4.1　2007—2016年产能过剩企业与非产能过剩企业的售后回租比率对比

资料来源：笔者根据中国上市公司年报的数据整理得到。

4.2　产能过剩与去产能政策文献综述及述评

在第3章，本书对国内外融资租赁和售后回租领域的文献进行了回顾，此处不再赘述。本部分主要对产能过剩与去产能政策领域的文献进行概述。由于本章研究的问题是专门针对中国的去产能政策的，所以本部分主要对中国国内相关文献进行回顾。

4.2.1　产能过剩领域的文献综述

产能过剩领域主要有三个研究主题，即产能利用率的测度、产能过剩的原因分析和产能过剩的结果分析。

第一，各主体产能利用率的测度。不同学者使用不同的数据来源、不同的方法对不同经济单位的产能利用率进行了测量。比如，樊茂清（2017）在二次型可变函数模型的基础上，估计了中国33个产业部门的能源、非能源即劳动的联立系统方程，并由此建立各产业部门产能利用率的测度模型，其数据来源为1981—2012年的投入产出时间序列数据；他检验了产业部门的产能利用率的影响因素，研究结果显示，能源、劳动力价格、技术进步、资本使用者成本和投资的内在调整都会影响产能利用率。余淼杰等（2018）通过将产能利用率引入生产函数估计框架的方法，对中国工业企业的产能利用率进行了估算，研究区间为1998—2007年以及2011—2013年。他们发现，忽略产能利用率的变化会导致企业生产率被低估；2007年前后，中国工业企业的产能利用率发生转折性变化，由整体上升变为下降；企业的生产率等会对其产能利用率产生影响。唐子惠等（2018）分析了2010—2015年中国工业的产能利用率的空间特征，其研究结果显示，在研究区间内，中国工业平均产能利用率的取值范围为71.6%~79.9%。中部地区的产能利用率最高，东部地区和西部地区的产能利用率低于中部地区；其用莫兰指数对结果进行验证，发现整体上中国工业产能利用率不存在空间自相关性。

第二，中国形成产能过剩的原因分析。其代表性文献包括：周密、刘秉镰（2017）通过在传统供需平衡模型中引入新假设，如退出价格、饱和需求等，对中国的产能过剩问题进行了分析。他们认为，中国的产能过剩是商品和住房二元市场叠加的饱和需求式过剩，解决产能过剩的方法是实行二元市场的联动式调控，特别应当以供给方向和供给对象的结构性调整为改革重点。他们的研究从中国特色社会主义经济学的视角为供给侧结构性改革提供了解释。马红旗等（2018）使用中国工业企业数据库中的数据，对1998—2013年中国钢铁企业的产能利用率进行了测算，并分析了影响产能利用率的关键因素。研究结果显示，钢铁企业的产能利用率在特殊年份具有逆周期特征。另外，除了市场因素以外，一系列的非市场因素也会影响产能利用率，包括金融支持、沉没成本、企业规模、就业弹性和政府补贴等。其中，金融支持和沉没成本对产能利用率的提高有抑制作用。吴利学、刘诚（2018）从项目匹配的角度解释了中国产能过剩的形成原因。他们利用搜寻—匹配模型证实，地方政府收益分配比例超过其对项目的匹配贡献强度是导致中国产能过剩的根源，且产能过剩程度与收益—贡献的不对称性呈正相关。随后，他们用行政审批改革来衡量地方政府收益—贡献比例的差异性并进行了实证研究，实证结果证实，地方政府设立行政中心对产能利用率的提高有显著作用。

第三，产能过剩导致的结果。王自锋、白玥明（2017）分析了产能过剩对对外直接投资的影响。他们利用2005—2007年《中国工业企业数据库》和《境外投资企业（机构）名录》的数据检验了中国制造业产能利用率对对外直接投资的影响。实证结果显示，产能过剩会导致海外直接投资的扩张。

4.2.2 去产能政策领域的文献综述

在有关去产能政策的研究中，中国国内文献主要关注地方政府和金融部门对去产能政策的影响，尤其是银行在治理产能过剩问题上发挥的作用。陈琦等（2016）指出，金融机构应实施有保有控的差异化信贷政策，银行应满足产能过剩企业合理的资金需求，坚决不搞“一刀切”。杨珩（2017）以吉林省为例分析了金融支持供给侧结构性改革的措施并指出，金融机构应坚持区别对待、有扶有控的原则。韩保江和韩心灵（2017）认为，为治理产能过剩问题，中国的银行应保持经营独立性，并且银行监管部门要规范银行经营行为的微观审慎监管，避免银行高杠杆冒险经营。潘文轩（2016）认为，产能过剩企业的破产清算可能导致风险的集中，商业银行应当与财政部门和资产管理公司等联合发挥协同作用，以有效防控风险。

4.2.3　文献述评及本章创新点

与现有文献相比，本章的创新点如下：

第一，在研究内容上，本章内容是对“融资租赁与售后回租的研究”“产能过剩与去产能政策的研究”这两个领域的丰富和补充。一方面，在“融资租赁与售后回租的研究”领域，现有文献以美国、英国等发达国家的研究为主，鲜少有文献关注发展中国家的租赁市场。中国与西方国家在融资租赁交易模式上的差别较大，这就导致以发达国家为研究对象得出的租赁理论可能并不适用于中国。本书从中国实施的去产能政策这一独特的国情入手，为中国企业的租赁动因提供了新的解释。另一方面，在“产能过剩与去产能政策的研究”领域，现有文献主要关注了以银行为代表的金融部门对去产能政策效果的影响，且研究方法多为定性分析，尚没有文献注意到融资租赁与去产能政策的关系并进行定量研究，本书能够弥补这一研究的空白。

第二，在研究数据和研究方法上，国内外有关售后回租的定量分析主要为事件研究，以面板数据为基础的回归分析很少，其主要原因是企业的售后回租数据难以获得。本书利用手工搜集的上市公司售后回租数据，构建严谨的双重差分等模型证实去产能政策与售后回租的关系，提供了可靠的估计结果。

4.3　理论分析

在理论上，产能过剩企业以售后回租方式借款规避去产能政策的套利行为可以用博弈论来解释。这种政策套利行为是两个层面博弈的结果，下面对这两个层面的博弈进行具体说明。

第一个层面的博弈是去产能企业之间针对是否减产的决策进行的博弈。去产能政策出台后，产能过剩企业在是否减产的决策上面临典型的“囚徒困境”。如果所有企业都减产，让市场快速出清，那么去产能政策（包括限制融资渠道的金融政策）会很快结束。在这种情况下，尽管企业会有所损失，但却都能生存下来。然而，这种全局最优策略不是个体最优策略。作为个体，单个产能过剩企业的决策可能会受其他企业决策的影响。假定其他企业都减产，那么单个企业的最优策略是不减产，这样企业可以在市场出清后扩大相对市场份额，达到“损人利己”的效果。假定其他企业都不减产，单个企业的最优策略依然是不减产，因为企业如果减产其将很快被淘汰。因此，无论其他企业是否减产，单个企业的占优策略都是不减产。所以，第一层面的博弈结果是所有产能过剩企业都选择维持产能。

第二个层面的博弈是去产能企业与监管部门之间针对融资限制进行的博弈。政府为了确保去产能政策的有效实施，从行政、财税、金融等多个角度限制企业的产能。具体到金融政策层面，政府限制企业的贷款、发债等主流融资渠道。但企业如果想维持产能就需要充足的资金保障，于是企业就会寻求其他的融资渠道来补充资金。从交易特征和监管程度来看，售后回租就是一种非常合适的融资替代渠道。在交易特征方面，售后回租的交易本质和抵押贷款非常类似，具备资金融通功能。此外，售后回租具备期限较长、不限制资金用途等优势，对企业而言是一种方便、灵活的融资渠道。在监管程度方面，售后回租的提供主体——租赁公司所受监管较宽松，不在监管部门的密切关注范围里，这为产能过剩企业通过售后回租规避融资限制提供了可行性。所以，第二个层面的博弈结果是产能过剩企业以售后回租方式借款来规避去产能政策的融资限制。

综上，在产能过剩企业迫切的融资需求、售后回租作为替代融资渠道的适宜性和租赁公司所受监管较宽松这三个条件的共同作用下，售后回租成为产能过剩企业规避去产能政策的工具，即产能过剩企业以售后回租方式借款是一种政策套利行为。

4.4　研究假设

本章的第一个研究目的是探究企业以售后回租方式借款的动机是否为规避去产能政策的融资限制。如果规避去产能政策是企业以售后回租方式借款的动机，那么在去产能政策出台以后，产能过剩企业的银行贷款等主流融资渠道受阻，其对售后回租的需求应当显著增加。据此，本章提出假设4.1。

假设4.1：去产能政策出台后，产能过剩企业的回租借款显著增加。

本章的第二个研究目的是探究企业以售后回租方式借款规避去产能政策的行为造成哪些结果。由于售后回租不限制企业的资金用途，企业如何使用售后回租的资金就可能影响去产能政策的效果。如果企业将回租资金用于清偿负债、支付厂房租金等活动，而没有投向生产环节，那么售后回租只是为企业提供了维持存续状态的必要资金，不会影响去产能政策的效果；如果企业将回租资金用于生产环节并增加产能，那么售后回租就会削弱去产能政策的效果。本书4.3部分有关“囚徒困境”的分析认为，维持产能是产能过剩企业的占优策略。因此，企业有可能将不限制用途的回租资金用于维持产能，导致去产能的政策效果“打折”。据此，本章提出假设4.2。

假设4.2：产能过剩企业以售后回租方式借款的行为削弱了去产能政策的效果。

4.5 研究设计

4.5.1 去产能政策有效期及产能过剩企业的认定

考虑去产能政策有效期和产能过剩企业的认定对模型设计具有重要影响，所以在进行模型设计前，本书首先对去产能政策有效期和产能过剩企业的认定标准进行说明。

（1）去产能政策有效期的认定

本书的研究区间为2007—2016年，在这期间，国务院共发布了两次去产能政策，分别为2009年的《国务院关于加快推进产能过剩行业结构调整的通知》（本书简称为“09年政策”）和2013年的《国务院批转发展改革委等部门关于抑制部分行业产能过剩和重复建设引导产业健康发展若干意见的通知》（本书简称为“13年政策”）①。由于政策执行具有时滞性，本书假定两次政策均于出台后的次年生效。“13年政策”的有效期比较容易确定，为2014—2016年。但“09年政策”的有效期比较复杂，有多种可能性。为了尽可能全面地反映实际情况，本书对“09年政策”的有效期进行以下三种假定：

第一种假定：假定“09年政策”的有效期为2010—2013年，即“13年政策”出台后“09年政策”失效。两个政策之间是前后接替关系，政策之间不存在时间空档。

第二种假定：假定“09年政策”的有效期为2010—2012年，即“09年政策”在“13年政策”出台前就已经失效，所以国务院才在2013年再次出台了

① 2016年2月1日，国务院针对钢铁和煤炭行业各发布了一份指导文件：《国务院关于钢铁行业化解过剩产能实现脱困发展的意见》和《国务院关于煤炭行业化解过剩产能实现脱困发展的意见》。由于本书研究区间为2007—2016年，且考虑银行等信贷机构执行政策的时滞性，因此本书未将这两份政策加入相关研究。

去产能政策。两个政策之间是前后接替关系，并且政策之间存在一年的时间空档。

第三种假定：假定“09年政策”的有效期为2010—2016年，即“09年政策”在“13年政策”出台后依然有效，“13年政策”只是在“09年政策”的基础上更加严格地限制了某些产能过剩行业的融资渠道。两个政策之间是并存关系。

关于“09年政策”的有效期，本书咨询了租赁公司的法务人员等业内人士。业内人士表示，对于中国已经出台的一项政策，如果后续政府没有明文取消这一政策，那么该政策应当是持续有效的，后续发布的政策可视作对先前政策的一种调整。从政策执行力上来看，“13年政策”比“09年政策”的执行力度更强。可见，去产能政策有效期的第三种假定更加符合现实情况，但前两种假定有助于更准确地验证假设4.1的因果关系，本书下文会对此进行详细说明。

（2）产能过剩企业的认定

本书对比“09年政策”和“13年政策”所点名的产能过剩行业可以发现，“13年政策”点名的行业全部包括在“09年政策”所点名的行业中。本书结合去产能政策中点名的产能过剩行业和上市公司的经营范围认定产能过剩企业：如果企业的经营范围中包括去产能政策所点名的产能过剩行业，那么该企业为产能过剩企业。表4.1总结了“09年政策”和“13年政策”限制的产能过剩行业。

表4.1　2009年和2013年去产能政策限制的产能过剩行业

政策名称	所限制的产能过剩行业
2009 年《国务院关于加快推进产能过剩行业结构调整的通知》	钢铁、电解铝、煤炭、船舶、水泥、平板玻璃、化肥、多晶硅、风电设备、大豆压榨、大型锻件

续表

政策名称	所限制的产能过剩行业
2013年《国务院批转发展改革委等部门关于抑制部分行业产能过剩和重复建设引导产业健康发展若干意见的通知》	钢铁、水泥、电解铝、平板玻璃、船舶

资料来源：笔者整理得到。

4.5.2 模型设定

为了验证假设4.1，本书以“09年政策”和“13年政策”为准自然实验，构建双重差分等模型检验去产能政策是否增加了产能过剩企业采用的回租借款概率。具体见模型（4.1）。

$$SLB_{i,t}=\alpha_0+\alpha_1 Policy_{i,t}+\sum_k \alpha_k Control_{i,t}+TearFE+\mu_{i,t} \tag{4.1}$$

被解释变量表示企业采用的回租借款，本书选取两个指标进行衡量。第一个指标是售后回租哑变量（*SLB_dummy*），如果企业当年通过售后回租获取资金，那么该哑变量取值为1，否则取值为0。第二个指标是售后回租比率（*SLB_ratio*），相当于企业当年售后回租融资额对期初总资产的比值。*Policy*是主要解释变量，表示企业i在t年是否受去产能政策的影响和影响的大小。对应本书4.5.1部分关于“09年政策”有效期的三种假定，本书设计了三个去产能政策变量（*Policy*1、*Policy*2和*Policy*3），具体的变量赋值说明见表4.2。三种赋值方式各有优势。当用*Policy*1和*Policy*2来衡量去产能政策时，模型（4.1）为双重差分模型，可以提供更严谨、准确的估计结果。*Policy*3的赋值方式更加符合现实背景，但用*Policy*3衡量去产能政策时，模型（4.1）不再是双重差分模型，其因果关系的识别能力减弱。为了得到既能准确识别因果关系，又符合现实背景的估计结果，本书分别用*Policy*1、*Policy*2和*Policy*3来衡量去产能政策，并综合所有的估计结果对假设4.1进行验证。在控制变量方面，本书借鉴Sharpe和Nguyen(1995)、Eisfeldt和Rampini(2009)等的研究，选择资产规模、现金流比率、持有现金比率、长期贷款比率、托宾Q、企业实际所得税率作为控制变量。模型（4.1）中$Policy$的系数α_1又为本书关注的核心系数，如果假设4.1成立，那么α_1应显著为正。

表4.2　2007—2016年*Policy*1、*Policy*2和*Policy*3的赋值方式

年份	"09 年政策"限制但"13 年政策"没限制的企业			"09 年政策"和"13 年政策"均限制的企业			"09 年政策"或"13 年政策"均没限制的企业
	*Policy*1	*Policy*2	*Policy*3	*Policy*1	*Policy*2	*Policy*3	*Policy*1~*Policy*3
2007	0	0	0	0	0	0	0
2008	0	0	0	0	0	0	0
2009	0	0	0	0	0	0	0
2010	1	1	1	1	1	1	0
2011	1	1	1	1	1	1	0
2012	1	1	1	1	1	1	0
2013	1	0	1	1	0	1	0
2014	0	0	1	1	1	2	0
2015	0	0	1	1	1	2	0
2016	0	0	1	1	1	2	0

在设计模型验证假设4.2之前，本书首先考虑去产能政策影响企业产能的两个渠道。渠道一，去产能政策通过金融政策、行政管制等多种强制性手段使企业减产，这是去产能政策自身对企业产能产生的影响；渠道二，假设4.1表明，去产能政策会增加产能过剩企业的回租借款，而售后回租提供的资金则可能增加企业的产能。为了区分去产能政策的这两个渠道影响，本书将去产能政策自身对企业产能的影响称为直接效果，将去产能政策通过售后回租对企业产能产生的影响称为间接效果。图4.2为去产能政策影响企业产能的两个渠道。

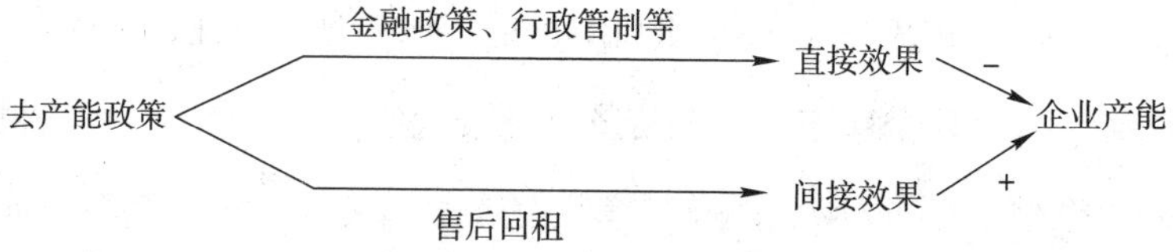

图4.2 去产能政策影响企业产能的两个渠道

如果去产能政策的直接效果降低了企业产能，而间接效果增加了企业产能，那么就可以证明企业的回租借款削弱了去产能政策的效果。根据这一思路，本书设计了模型（4.2）和模型（4.3）。

$$Effect_{i,t}=\beta_0+\beta_1 Policy3_{i,t}+\sum_k \phi_k Control_{i,t-1}+FirmFE+YearFE+\gamma_{i,t} \quad (4.2)$$

$$Effect_{i,t}=\delta_0+\delta_1 Policy3_{i,t}+\delta_2 SLB_{i,t}+\sum_k \delta_k Control_{i,t-1}+FirmFE+YearFE+\kappa_{i,t} \quad (4.3)$$

模型中的被解释变量*Effect*表示去产能政策的效果，即企业产能的变化。本书使用营业收入增长率（*Sales_growth*）和投资水平（*Investment*）衡量去产能的政策效果。如果企业削减了产能，那么其营业收入增长率和投资水平应有所下降。模型中的主要解释变量为去产能政策变量（*Policy*）和企业回租借款的变量（*SLB*）。考虑*Policy*3的赋值方式更加符合现实背景，这里用*Policy*3衡量去产能政策。企业回租借款变量依然为售后回租哑变量（*SLB_dummy*）和售后回租比率（*SLB_ratio*）。*Control*表示控制变量。当被解释变量为销售收入增长率时，本书借鉴俞鸿琳（2013）的研究，选取企业资产规模、现金流和托宾*Q*作为控制变量。当被解释变量为投资水平时，本书借鉴屈文洲等（2011）的研究，选取企业资产规模、现金流、持有现金、营运资本和托宾*Q*作为控制变量。在模型（4.2）中，*Policy*3的系数β_1表示*Policy*3从0增加到1以后，产能过剩企业的平均产能相对于非产能过剩企业的变化。该模型中没有加入售后回租作为解释变量，即没有控制售后回租对企业产能的影响。考虑售后回租和去产能政策的相关性，售后回租对企业产能的影响将被包含在

*Policy*3的系数β_1中，即β_1既包括去产能政策的直接效果，也包括去产能政策通过售后回租对企业产能产生的间接效果。模型（4.3）中加入售后回租作为解释变量，即控制了售后回租对企业产能的影响。此时，*Policy*3的系数δ_1仅表示去产能政策本身对企业产能的直接效果。因此，将β_1与δ_1作差，即可得到去产能政策的间接效果。如果假设4.2成立，那么β_1与δ_1的差值应当为正数。表4.3汇总了模型（4.1）至模型（4.3）中所有变量的定义和说明。

表4.3　模型（4.1）至模型（4.3）中的变量名称及定义

变量代码	变量名称	变量定义
SLB_dummy	售后回租哑变量	若企业当年以售后回租方式获取资金，则取值 1，否则取值 0
SLB_ratio	售后回租比率	企业当年以售后回租方式获取的融资额 ÷ 期初总资产
Sales_growth	营业收入增长率	（企业当年营业收入 – 企业前一年营业收入）÷ 企业前一年营业收入
Investment	投资	购建固定资产、无形资产和其他长期资产支付的现金 ÷ 上期总资产
Policy	去产能政策	企业在当年是否受去产能政策的影响和影响大小（详见表 4.2）
Ln（*asset*）	资产规模	总资产取对数
Cash_flow	现金流	经营活动产生的现金流净额 ÷ 上期总资产
Cash_holding	现金持有	货币资金 ÷ 总资产
Long-term_loan	负债	长期贷款 ÷ 总资产
Tobin_q	托宾 *Q*	市值 ÷（资产总计 – 无形资产净额 – 商誉净额）
Tax	实际所得税比率	所得税支出 ÷ 税前利润
Working_capital	营运资本比率	（流动资产 – 流动负债）÷ 总资产

4.6 研究结果

4.6.1 描述性统计

表4.4汇总了模型（4.1）至模型（4.3）中各变量的描述性统计的结果，本书在此对主要变量的统计特征进行分析。售后回租哑变量的平均值为0.045，而中位数为0，说明样本中平均有4.5%的企业以售后回租方式借款，这表明售后回租仍然是一种比较小众的融资方式。售后回租比率的平均值为0.001，中位数为0，说明全部样本的回租借款额平均占其总资产的0.1%，这表明企业以售后回租方式借款的额度较低。售后回租比率的最大值为0.048，说明有些企业的回租借款额度较高，已占据其总资产的约5%。去产能政策变量*Policy*1至*Policy*3表示在“09年政策”的不同有效期假设下，样本企业受去产能政策的影响程度。以*Policy*1的统计结果为例，*Policy*1的平均值为0.079，说明样本中平均有约8%的企业受去产能政策的影响。

另外，本书统计在以售后回租方式借款的承租人中，属于产能过剩行业的承租人的所占比例。统计结果显示，共有696个样本以售后回租方式借款，其中有210个样本属于产能过剩行业，占比为30%，这说明产能过剩企业是以售后回租方式借款的一类重要承租人。

表4.4　模型（4.1）至模型（4.3）中各变量的描述性统计

变量	平均值	标准差	最小值	中位数	最大值
SLB_dummy	0.045	0.206	0	0	1.000
SLB_ratio	0.001	0.006	0	0	0.048
Investment	0.066	0.071	0	0.044	0.385
Sales_growth	0.179	0.475	–0.615	0.107	3.188
*Policy*1	0.079	0.270	0	0	1.000
*Policy*2	0.063	0.244	0	0	1.000

续表

变量	平均值	标准差	最小值	中位数	最大值
*Policy*3	0.123	0.387	0	0	2.000
Ln（*asset*）	21.780	1.200	19.270	21.640	25.340
Cash_flow	0.041	0.078	–0.202	0.040	0.259
Cash_holding	0.192	0.145	0.009	0.149	0.689
Long-term_loan	0.051	0.086	0	0.005	0.418
Tobin_q	2.338	2.158	0.231	1.690	12.510
Tax	0.171	0.171	–0.547	0.159	0.805
Working_capital	0.196	0.278	–0.543	0.189	0.810

4.6.2　去产能政策对产能过剩企业以售后回租方式借款的影响

表 4.5汇总了模型（4.1）的回归结果，第（1）列至第（3）列的被解释变量为售后回租哑变量，第（4）列至第（6）列的被解释变量为售后回租比率。从第（1）列至第（3）列的结果可见，当被解释变量为售后回租哑变量时，*Policy*1、*Policy*2和*Policy*3的系数均在1%的显著性水平上为正。从第（4）列至第（6）列的结果可见，当被解释变量为售后回租比率时，*Policy*1的系数在5%的显著性水平上为正；*Policy*2的系数在10%的显著性水平上为正；*Policy*3的系数在1%的显著性水平上为正。所以，无论采用哪种被解释变量，以及用哪种方式来衡量去产能政策，*Policy*1至*Policy*3的系数均在统计上显著为正，这在统计上证实了去产能政策与企业回租借款之间的正相关关系。下面以第（4）列至第（6）列结果为例来解读去产能政策变量的系数的经济意义。当*Policy*1、*Policy*2和*Policy*3分别从0增加到1后，产能过剩企业的售后回租比率比非产能过剩企业平均分别要高0.10%、0.09%和0.14%，相对于总体样本的售后回租比率平均值0.11%（表 4.3和表4.4）而言，其提高了82%~127%。可见，去产能政策变量的系数不仅具有统计意义上的显著性，也具有经济意义上的

显著性。综上，表 4.5的结果表明，去产能政策出台后，产能过剩企业采用的回租借款行为显著增加，假设4.1得到证实。

此外，表4.5的结果在一定程度上证实了国外的租赁理论——“融资约束理论”和“税负差异理论”无法解释中国企业的租赁动机，控制变量中资产规模和实际所得税率的系数就说明了这一点。在所有结果中，资产规模的系数均在1%的显著性水平上为正，这说明企业的资产规模越大，其售后回租比率越高，这和大部分国外研究的结论相反。资产规模常被用于融资约束的衡量指标，即企业资产规模越小，其融资约束越严重。国外学者对美国、英国和意大利企业的租赁动机的研究中，资产规模都和融资租赁呈显著负相关，即企业的资产规模越小，其融资租赁比率越高（Sharpe and Nguyen，1995；Eisfeldt and Rampini，2009；Cosci et al.，2015）。本书结果中，资产规模与售后回租呈正相关，这说明“融资约束理论”不适用于解释中国企业的租赁动机。另外，如果“税负差异理论”成立，那么实际所得税比率的系数应显著为负，但表4.5中实际所得税比率的系数不显著，这说明“税负差异理论”也不适用于解释中国企业的租赁动机。

表4.5 去产能政策对产能过剩企业以售后回租方式借款的影响

变量	*SLB_dummy*			*SLB_ratio*		
	（1）	（2）	（3）	（4）	（5）	（6）
*Policy*1	0.0380*** （2.25）			0.0010** （1.99）		
*Policy*2		0.0340*** （2.19）			0.0009* （1.84）	
*Policy*3			0.0499*** （3.61）			0.0014*** （3.68）
Ln（*asset*）	0.0310*** （4.41）	0.0315*** （4.49）	0.0318*** （4.51）	0.0005*** （3.00）	0.0006*** （3.07）	0.0006*** （3.11）
Cash_flow	−0.0032 （−0.13）	−0.0044 （−0.18）	−0.0017 （−0.07）	−0.0000 （−0.00）	−0.0000 （−0.04）	0.0000 （0.05）

续表

变量	SLB_dummy			SLB_ratio		
	(1)	(2)	(3)	(4)	(5)	(6)
Cash_holding	−0.0066 (−0.41)	−0.0078 (−0.49)	−0.0085 (−0.53)	−0.0009* (−1.71)	−0.0009* (−1.78)	−0.0010* (−1.80)
Long-term_loan	−0.0195 (−0.40)	−0.0216 (−0.45)	−0.0121 (−0.25)	−0.0010 (−0.61)	−0.0011 (−0.64)	−0.0008 (−0.48)
Tobin_q	−0.0019 (−1.41)	−0.0018 (−1.32)	−0.0013 (−0.93)	−0.0001 (−1.09)	−0.0000 (−1.02)	−0.0000 (−0.69)
Tax	−0.0056 (−0.43)	−0.0052 (−0.40)	−0.0055 (−0.42)	0.0001 (0.26)	0.0001 (0.28)	0.0001 (0.26)
个体效应	控制	控制	控制	控制	控制	控制
年份效应	控制	控制	控制	控制	控制	控制
N	15630	15630	15630	15630	15630	15630
$adj.R^2$	0.230	0.230	0.231	0.171	0.170	0.172

注：括号中数据是调整了异方差和公司层面的聚类效应的*t*统计量。***、**、*分别表示参数的估计值在1%、5%、10%的统计水平上显著。

4.6.3 产能过剩企业的回租套利行为对去产能政策效果的影响

表4.6汇总了模型（4.2）和模型（4.3）的回归结果。第（1）列至第（3）列用营业收入增长率衡量去产能政策效果，第（1）列没有加入售后回租哑变量，第（2）列加入了售后回租哑变量，第（3）列加入了售后回租比率。首先以第（1）列和第（2）列的结果为例进行分析。第（1）列中*Policy*3的系数为−0.0962，这说明*Policy*3从0增加到1后，去产能政策的直接效果和间接效果共使营业收入增长率下降了9.62%。第（2）列中*Policy*3的系数为−0.1007，这说明 *Policy*3从0增加到1后，去产能政策的直接效果使营业收入增长率下降了10.07%。这两列的*Policy*3系数之差即可视为去产能政策的间接效果，约为0.45%（10.07%−9.62%）。以上结果可以解读为，*Policy*3从0增加到1后，去产

能政策原本可以使营业收入增长率降低10.07%，但由于去产能政策促使产能过剩企业以售后回租方式借款来补充资金，这使去产能政策共使营业收入增长率下降了9.62%，比直接效果降低了约4%（0.45% ÷ 10.07%）。由此本书可以得出结论，产能过剩企业以售后回租方式借款的行为导致去产能政策效果削弱了约4%。同理，对比第（1）列和第（3）列的结果可以发现，产能过剩企业以售后回租方式借款的行为导致去产能政策效果削弱了约3%［（9.96%-9.62%）÷ 9.96%］。

表4.6中的第（4）列至第（6）列使用投资水平衡量去产能政策效果，其分析思路和上面的分析相同。对比第（4）列和第（5）列的结果可以发现，产能过剩企业以售后回租方式借款的行为导致去产能政策的效果削弱了约2%［（2%–1.96%）÷ 2%］；对比第（4）列和第（6）列的结果可以发现，产能过剩企业以售后回租方式借款的行为导致去产能政策的效果削弱了约3%［（2.02%–1.96%）÷ 2.02%］。

综上所述，去产能政策显著降低了产能过剩企业的营业收入增长率和投资水平，但这一政策效果被售后回租的扩张削弱了2%~4%，假设4.2得到证实。

表4.6　产能过剩企业的回租套利行为对去产能政策效果的影响

变量	*Sales_growth*			*Investment*		
	（1）	（2）	（3）	（4）	（5）	（6）
*Policy*3	–0.0962*** （–4.10）	–0.1007*** （–4.28）	–0.0996*** （–4.23）	–0.0196*** （–5.02）	–0.0200*** （–5.14）	–0.0202*** （–5.17）
SLB_dummy		0.0892*** （3.15）			0.0101*** （2.59）	
SLB_ratio			2.3552** （2.40）			0.4677*** （3.40）
Ln（*asset*）	–0.1516*** （–8.66）	–0.1544*** （–8.84）	–0.1528*** （–8.75）	–0.0144*** （–6.61）	–0.0147*** （–6.83）	–0.0147*** （–6.80）
Cash_flow	–0.5501*** （–6.26）	–0.5498*** （–6.25）	–0.5499*** （–6.25）	0.0307*** （3.41）	0.0309*** （3.44）	0.0309*** （3.44）

续表

变量	Sales_growth			Investment		
	(1)	(2)	(3)	(4)	(5)	(6)
Tobin_q	0.0276*** (5.10)	0.0277*** (5.13)	0.0277*** (5.11)	0.0046*** (7.12)	0.0046*** (7.14)	0.0046*** (7.15)
Cash_holding				0.0396*** (4.63)	0.0390*** (4.57)	0.0390*** (4.59)
Working_capital				0.0519*** (8.44)	0.0528*** (8.66)	0.0531*** (8.72)
个体效应	控制	控制	控制	控制	控制	控制
年份效应	控制	控制	控制	控制	控制	控制
N	15630	15630	15630	15630	15630	15630
$adj.R^2$	0.051	0.052	0.052	0.423	0.423	0.424

注：括号中数据是调整了异方差和公司层面的聚类效应的*t*统计量。***、**分别表示参数的估计值在1%、5%的统计水平上显著。

4.7　进一步分析

为了进一步证实4.3部分提出的“产能过剩企业以售后回租方式借款来规避去产能政策”这一动机，本部分分析去产能政策促使产能过剩企业以售后回租方式借款的机制以及租赁公司所受监管强度对产能过剩企业回租借款行为的影响。

4.7.1　去产能政策促使产能过剩企业以售后回租方式借款的机制

本章的4.3部分指出，去产能政策出台后，产能过剩企业通过银行贷款、发债等主流融资渠道获取的资金应有所下降，这使产能过剩企业出现资金缺口，进而企业需要寻求融资替代渠道。因此，去产能政策促使产能过剩企业以售后回租方式借款的机制应当是，去产能政策降低了产能过剩企业通过贷款、发债等主流融资渠道获取资金。为了证实去产能政策对产能过剩企业的主流融资渠道的影响，本书设计了模型（4.4）。

$$Financing\_channel_{i,t}=\phi_0+\phi_1 Policy3_{i,t}+\sum_k \phi_k Control_{i,t-1}+FirmFE+YearFE+\nu_{i,t} \quad (4.4)$$

模型（4.4）中被解释变量为企业从银行贷款、发债等主流融资渠道获取的资金（*Financing_channel*）。具体地，本书选取了四个变量：总贷款融资额（*Total_loan*，总贷款增加额对期初总资产的比值）、短期贷款融资额（*Short-term_loan*，短期贷款增加额对期初总资产的比值）、长期贷款融资额（*Long-term_loan*，长期贷款增加额对期初总资产的比值）、发债融资额（*Bond*，应付债券增加额对期初总资产的比值）。模型（4.4）选用最符合现实背景的*Policy*3来表示去产能政策，*Control*表示其他控制变量。当被解释变量为总贷款融资额、短期贷款融资额和长期贷款融资额时，本书借鉴蒋东生（2012）的研究，选取资产规模[①]、总资产收益率（*ROA*）、托宾*Q*、固定资产比率（*Fixasset*，固定资产/总资产）作为控制变量。当被解释变量为发债融资额时，在上述控制变量的基础上，本书加入企业的贷款比率（*Loan*，总贷款/总资产），原因是企业存在“以债还贷”的可能性。

表4.7汇总了模型（4.4）的回归结果。从表4.7中可见，当被解释变量为总贷款融资额、长期贷款融资额和发债融资额时，*Policy*3的系数均显著为负。当被解释变量为短期贷款融资额时，*Policy*3的系数为负，但不显著。这说明去产能政策出台后，产能过剩企业通过贷款、发债等主流融资渠道获取的资

① 对于资产规模等前文出现过的变量，后文再次出现时本书不再特别说明其简写字母和指标计算方式，其均与前文一致。

金额显著下降，而长期贷款融资额的下降是引起总贷款融资额下降的原因，短期贷款融资额并没有显著下降。长期贷款和发债都是企业的长期融资渠道，所以表4.7的结果表明，去产能政策显著减少了产能过剩企业的长期资金来源。售后回租是一种中长期的融资工具，其租期一般为3~5年，更长者可达到10年以上，所以售后回租刚好可以弥补产能过剩企业被限制的长期融资渠道。表4.7的结果证实了去产能政策确实降低了企业从贷款、发债等主流融资渠道获取的资金，同时从融资期限的角度解释了售后回租成为产能过剩企业融资替代渠道的原因。

表4.7　去产能政策对产能过剩企业主流融资渠道的影响

变量	*Total_loan*	*Short-term_loan*	*Long-term_loan*	*Bond*
	(1)	(2)	(3)	(4)
*Policy*3	−0.0139** (−2.02)	−0.0051 (−1.20)	−0.0113** (−2.56)	−0.0025* (−1.82)
Ln（*asset*）	−0.0507*** (−10.61)	−0.0266*** (−8.49)	−0.0232*** (−9.49)	0.0046*** (4.68)
ROA	0.2959*** (8.64)	0.2099*** (8.29)	0.0807*** (4.25)	0.0279*** (4.81)
Tobin_q	0.0046*** (2.88)	0.0031*** (2.93)	0.0010 (1.22)	0.0008** (2.55)
Fixasset	−0.0836*** (−4.53)	−0.0125 (−1.07)	−0.0701*** (−6.27)	−0.0059 (−1.57)
Loan				0.0145*** (3.55)
个体效应	控制	控制	控制	控制
年份效应	控制	控制	控制	控制
N	13797	13797	13797	13797
$adj.R^2$	0.084	0.050	0.036	−0.005

注：括号中数据是调整了异方差和公司层面的聚类效应的*t*统计量。***、**、*分别表示参数的估计值在1%、5%、10%的统计水平上显著。

4.7.2 租赁公司所受监管强度对产能过剩企业回租借款行为的影响

本章的4.3部分指出，对于产能过剩企业，售后回租能够成为一种适宜的融资替代渠道的一个主要原因是租赁公司所受监管较宽松，所以监管部门并没有密切监控租赁公司的资金投向。如果租赁公司所受监管趋严，监管部门就会对其资金投向进行管控，这会给产能过剩企业以售后回租方式借款的行为增加阻力，进而在一定程度上遏制这种融资套利行为。因此，租赁公司所受监管趋严后，产能过剩企业以售后回租方式借款的套利行为应当有所减少。具体到现实层面，观察租赁公司所受的监管强度变化可以从银监会监管的金融租赁公司（以下简称金租公司）和商务部监管的融资租赁公司（以下简称商租公司）这两类租赁机构入手。根据本书对业内人士的咨询，“09年政策”出台后，这两类租赁公司所受的监管都比较宽松。处于发展初期的融资租赁业，总体规模不大，并未引起监管部门的过多关注。但“13年政策”出台后，金租公司所受的监管程度明显增加，但商租公司所受的监管依然较宽松。具体地，“13年政策”出台后，金租公司所受监管程度增加的原因有两个：一是“13年政策”比“09年政策”更加严格，作为国家金融部门的主要监管机构，银监会在金融政策上的执行力度更强。二是2013年金租公司的数量和交易规模都显著增长，已经是一类不容忽视的金融机构，自然也引起银监会的更多关注。相比之下，商租公司由于不在银监会的监管体系内，其所受监管一直都较宽松。根据这一现实背景，本书通过对比“09年政策”实施后和“13年政策”实施后产能过剩企业从金租公司获取的回租资金的变化来检验租赁公司所受监管程度对产能过剩企业以售后回租方式借款行为的影响。如果与“09年政策”相比，“13年政策”实施后产能过剩企业从金租公司获取的回租资金有所减少，那么就可以证实租赁公司所受监管趋严能够遏制产能过剩企业的融资套利行为。同时，本书预期，与“09年政策”相比，“13年政策”实施后产能过剩企业从商租公司获取的回租资金有所增加，其原因是企业原本由金租公司满足的资金需求会转移到商租公司。

为了验证以上假设，本书将“09年政策”和“13年政策”视为两次外生冲击，设计了下面的双重差分模型，记为模型（4.5）和模型（4.6）。4.5.1部分指出，“09年政策”持续有效的假定更加符合现实情况，于是这里假定“09年政策”的有效期为2010—2016年，“13年政策”的有效期为2014—2016年。

$$Fin\_SLB_{i,t}=\lambda_0+\lambda_1 Policy09_{i,t}+\lambda_2 Policy13_{i,t}+\sum_k \lambda_k Control_{i,t-1}+FirmFE+YearFE+\varepsilon_{i,t} \tag{4.5}$$

$$nonFin\_SLB_{i,t}=\eta_0+\eta_1 Policy09_{i,t}+\eta_2 Policy13_{i,t}+\sum_k \eta_k Control_{i,t-1}+FirmFE+YearFE+\pi_{i,t} \tag{4.6}$$

模型（4.5）中的被解释变量*Fin_SLB*表示企业从金租公司获取的售后回租融资额，用“售后回租哑变量——金租”（*Fin_dummy*）和“售后回租比率——金租”（*Fin_ratio*）两个指标来衡量。如果企业当年从金租公司获得售后回租的资金，那么*Fin_dummy*取值为1，否则取值为0。*Fin_ratio*等于企业当年从金租公司获取的售后回租融资额与期初总资产之比。模型（4.6）中的被解释变量*nonFin_SLB*表示企业从商租公司获取的售后回租融资额，用“售后回租哑变量——商租”（*nonFin_dummy*）和“售后回租比率——商租”（*nonFin_ratio*）两个指标来衡量。如果企业当年从商租公司获得售后回租的资金，那么*nonFin_dummy*取值为1，否则取值为0。*nonFin_ratio*等于企业当年从商租公司获取的售后回租融资额与期初总资产之比。$Policy09_{i,t}$表示企业i在t年是否受“09年政策”的影响，$Policy13_{i,t}$表示企业i在t年是否受“13年政策”的影响。不同类型企业的*Policy*09和*Policy*13的赋值如表4.8所示。模型中的其他控制变量含义和模型（4.1）相同。

表4.8 *Policy*09和*Policy*13的赋值方式

年份	“09年政策”限制但“13年政策”没限制的企业		“09年政策”和“13年政策”均限制的企业		“09年政策”或“13年政策”均没限制的企业
	*Policy*09	*Policy*13	*Policy*09	*Policy*13	*Policy*09、*Policy*13
2007	0	0	0	0	0
2008	0	0	0	0	0
2009	0	0	0	0	0
2010	1	0	1	0	0
2011	1	0	1	0	0
2012	1	0	1	0	0
2013	1	0	1	0	0
2014	1	0	1	1	0
2015	1	0	1	1	0
2016	1	0	1	1	0

如表4.9所示，从第（1）列和第（2）列的回归结果可见，当被解释变量为*Fin_dummy*和*Fin_ratio*时，*Policy*09的系数在1%的水平上为正，但*Policy*13的系数不显著。另外，*Policy*13的系数绝对值很小，甚至出现负值，这说明“09年政策”实施后产能过剩企业从金租公司获取的售后回租融资额显著增加，但“13年政策”实施后其没有维持增长趋势。对比*Policy*09和*Policy*13系数的绝对值和显著性，可以进一步得出结论：与“09年政策”相比，“13年政策”实施后产能过剩企业从金租公司获取的售后回租融资额有所减少。从第（3）列和第（4）列的回归结果可见，当被解释变量为*nonFin_dummy*和*nonFin_ratio*时，*Policy*09和*Policy*13的系数均为正，但*Policy*13的系数在显著性和大小上均有所增加，这说明“09年政策”和“13年政策”实施后产能过剩企业从商租公司获取的售后回租融资额都有所增加，“13年政策”实施后的增长势头更强烈。这和前文的预期一致：“13年政策”实施后，由于金租公司所受监管趋严，产能过剩企业对售后回租的需求向商租公司转移，于是产能

过剩企业从商租公司获取的售后回租融资额反而增加。总之，表4.9的结果证实了租赁公司所受监管趋严可以遏制产能过剩企业以售后回租方式借款的融资套利行为，也表明租赁公司所受监管较宽松是导致产能过剩企业利用售后回租进行融资套利的主要原因。

表4.9 租赁公司所受监管强度对产能过剩企业回租借款行为的影响

变量	Fin_dummy	Fin_ratio	nonFin_dummy	nonFin_ratio
	(1)	(2)	(3)	(4)
*Policy*09	0.0625*** (4.10)	0.0012*** (3.57)	0.0105 (1.03)	0.0003* (1.78)
*Policy*13	−0.0023 (−0.13)	0.0000 (0.10)	0.0459* (1.79)	0.0007* (1.79)
Ln (*asset*)	0.0172*** (4.11)	0.0003*** (3.33)	0.0240*** (3.57)	0.0002*** (2.76)
Cash_flow	−0.0194 (−1.06)	−0.0002 (−0.53)	0.0143 (0.79)	0.0003 (0.98)
Cash_holding	−0.0220** (−2.22)	−0.0006** (−2.20)	0.0163 (1.18)	0.0000 (0.17)
Long_loan	0.0354 (0.91)	0.0003 (0.34)	−0.0391 (−1.08)	−0.0008 (−1.30)
Tobin_q	0.0006 (0.62)	0.0000 (0.47)	−0.0026** (−2.37)	−0.0001*** (−2.79)
Tax	−0.0081 (−0.79)	−0.0002 (−0.75)	0.0070 (0.63)	0.0002 (1.16)
个体效应	控制	控制	控制	控制
年份效应	控制	控制	控制	控制
N	15630	15630	15630	15630
$adj.R^2$	0.215	0.168	0.163	0.157

注：括号中数据是调整了异方差和公司层面的聚类效应的*t*统计量。***、**、*分别表示参数的估计值在1%、5%、10%的统计水平上显著。

4.8 稳健性检验

考虑表4.5和表4.6的实证结果可能存在的问题，本书从下面几个方面进行稳健性检验，其基本结论和前文一致。

4.8.1 变换样本：删除不包含产能过剩企业的行业

本书观察样本所处行业后发现，产能过剩企业在行业的分布并不随机，有些行业不包含产能过剩企业。为了尽可能地减小处理组与对照组之间的系统性差异，本书删除了不包含产能过剩企业的行业①，从而保证保留的每个行业既包含产能过剩企业，也包含非产能过剩企业。本部分对保留下来的样本按照模型（4.1）进行回归，结果如表4.10所示，无论被解释变量为售后回租哑变量还是售后回租比率，去产能政策变量*Policy*1、*Policy*2和*Policy*3的系数都显著为正，这证实了表4.5结果的稳健性。

接下来，本书利用保留下来的样本对模型（4.2）进行回归，结果如表4.11所示。可见，无论被解释变量是营业收入增长率还是投资水平，在解释变量中加入表示售后回租的相关变量后，*Policy*3的系数绝对值都有所增加，这证实了表4.6结果的稳健性。

由于篇幅所限，模型（4.3）至模型（4.6）的回归结果在本书的附录中列示，基本结论和前文相同。

① 不包含产能过剩企业的行业为林业、畜牧业、渔业、农林牧渔服务业、家具制造业、造纸及纸制品业、废弃资源综合利用业等。

表4.10　删除不包含产能过剩企业的行业后模型（4.1）的回归结果

变量	SLB_dummy			SLB_ratio		
	（1）	（2）	（3）	（4）	（5）	（6）
*Policy*1	0.0362** （2.13）			0.0010* （1.90）		
*Policy*2		0.0323** （2.07）			0.0009* （1.74）	
*Policy*3			0.0486*** （3.51）			0.0014*** （3.55）
Ln（*asset*）	0.0314*** （4.16）	0.0319*** （4.24）	0.0324*** （4.30）	0.0005*** （2.88）	0.0006*** （2.95）	0.0006*** （3.02）
Cash_flow	−0.0069 （−0.26）	−0.0081 （−0.31）	−0.0048 （−0.18）	−0.0000 （−0.02）	−0.0000 （−0.06）	0.0000 （0.05）
Cash_holding	−0.0127 （−0.71）	−0.0139 （−0.77）	−0.0151 （−0.83）	−0.0012* （−1.90）	−0.0012** （−1.96）	−0.0012** （−2.00）
Long-term_loan	−0.0105 （−0.20）	−0.0129 （−0.25）	−0.0025 （−0.05）	−0.0006 （−0.32）	−0.0006 （−0.36）	−0.0003 （−0.19）
Tobin_q	−0.0020 （−1.31）	−0.0019 （−1.22）	−0.0012 （−0.80）	−0.0000 （−0.89）	−0.0000 （−0.83）	−0.0000 （−0.47）
Tax	−0.0095 （−0.67）	−0.0090 （−0.64）	−0.0096 （−0.68）	−0.0000 （−0.05）	−0.0000 （−0.02）	−0.0000 （−0.06）
个体效应	控制	控制	控制	控制	控制	控制
年份效应	控制	控制	控制	控制	控制	控制
N	13394	13394	13394	13394	13394	13394
adj.R^2	0.240	0.240	0.242	0.180	0.180	0.182

注：括号中数据是调整了异方差和公司层面的聚类效应的*t*统计量。***、**、*分别表示参数的估计值在1%、5%、10%的统计水平上显著。

表4.11　删除不包含产能过剩企业的行业后模型（4.2）的回归结果

变量	Sales_growth			Investment		
	（1）	（2）	（3）	（4）	（5）	（6）
*Policy*3	−0.1029*** （−4.35）	−0.1075*** （−4.52）	−0.1066*** （−4.48）	−0.0206*** （−5.26）	−0.0211*** （−5.38）	−0.0213*** （−5.42）

续表

变量	*Sales_growth*			*Investment*		
	(1)	(2)	(3)	(4)	(5)	(6)
SLB_dummy		0.0937*** (3.01)			0.0113*** (2.68)	
SLB_ratio			2.6018** (2.44)			0.5145*** (3.50)
Ln（*asset*）	−0.1580*** (−8.54)	−0.1611*** (−8.72)	−0.1595*** (−8.64)	−0.0140*** (−6.17)	−0.0144*** (−6.40)	−0.0143*** (−6.38)
Cash_flow	−0.5286*** (−5.50)	−0.5278*** (−5.49)	−0.5282*** (−5.49)	0.0307*** (3.21)	0.0310*** (3.25)	0.0309*** (3.25)
Tobin_q	0.0304*** (5.05)	0.0305*** (5.07)	0.0305*** (5.06)	0.0046*** (6.72)	0.0046*** (6.74)	0.0046*** (6.75)
Cash_holding				0.0367*** (3.92)	0.0361*** (3.87)	0.0362*** (3.89)
Working_capital				0.0536*** (7.94)	0.0545*** (8.17)	0.0549*** (8.25)
个体效应	控制	控制	控制	控制	控制	控制
年份效应	控制	控制	控制	控制	控制	控制
N	13394	13394	13394	13394	13394	13394
$adj.R^2$	0.052	0.054	0.053	0.425	0.426	0.427

注：括号中数据是调整了异方差和公司层面的聚类效应的*t*统计量。***、**分别表示参数的估计值在1%、5%的统计水平上显著。

4.8.2 变换估计方法：对售后回租哑变量进行Logit回归和Probit回归

当被解释变量为售后回租哑变量时，其取值为0或者1，属于二值选择（binary choices）类型的离散变量。此时，如果用线性概率模型（Linear Probability Model，LPM）进行估计，那么误差项将服从两点分布，而不是正态分布，这会导致估计结果的不一致性。为了解决这一问题，本书采用非线性的Logit回归和Probit回归分析去产能政策对售后回租哑变量的影响。具体地，此处用符合现实背景的*Policy*3衡量去产能政策，控制变量和模型（4.1）相同，回归结果见表4.12。可见，无论采用何种回归方法，*Policy*3的系数均显著为正，并且系数具有经济意义上的显著性。从第（1）列和第（2）列的结果可见，*Policy*3从0增加到1后，产能过剩企业以售后回租方式借款的概率比非产能过剩企业的此概率平均要高0.05~0.07个百分点，相当于均值预测概率（0.23~0.16个百分点）的22%~44%。这证实了表4.5结果的稳健性。

表4.12 对售后回租哑变量进行Logit和Probit回归的结果

变量	（1）		（2）	
	Logit	概率变化（%）	Probit	概率变化（%）
*Policy*3	0.1935* （1.66）	0.05	0.1173** （1.97）	0.07
Ln（*asset*）	0.3212*** （5.39）	0.11	0.1616*** （5.54）	0.13
Cash_flow	−2.5147*** （−3.79）	−0.04	−1.1799*** （−3.79）	−0.04
Cash_holding	−1.8372*** （−3.89）	−0.01	−0.7977*** （−3.78）	−0.05
Long_loan	2.8394*** （4.62）	0.12	1.4095*** （4.49）	0.07
Tobin_q	−0.2178*** （−3.77）	−0.15	−0.0865*** （−3.81）	−0.07
Tax	0.3762 （1.53）	0.10	0.1899 （1.61）	0.17
均值预测概率		0.23		0.16
行业效应	控制		控制	
年份效应	控制		控制	

续表

变量	(1)		(2)	
	Logit	概率变化（%）	Probit	概率变化（%）
N	15085		15085	
pseudo R^2	0.153		0.152	

注：概率变化（%）代表连续自变量增加一个标准差或者虚拟变量从0增加到1，并且其余自变量取样本均值时，企业新增融资租赁的概率变化。均值预测概率表示数据所有自变量取样本均值水平时模型预测的概率。括号中数据是调整了异方差和公司层面的聚类效应的*t*统计量。***、**、*分别表示参数的估计值在1%、5%、10%的统计水平上显著。

4.8.3 变换被解释变量：检验去产能政策对产能过剩企业融资租赁交易的影响

本书的1.6部分指出，融资租赁可以分为两种交易模式：售后回租和直接租赁。中国绝大部分的融资租赁交易都是售后回租，直接租赁的占比很小，因此，主要是售后回租的增长驱动了中国融资租赁业的增长。可以说，去产能政策在推动售后回租增长的同时，也推动了中国融资租赁交易的增长，这一关系在本书样本中体现为：去产能政策出台后，产能过剩企业的融资租赁交易显著增加。

在企业的财务报表中，与融资租赁相关的会计科目有两个：融资租入的固定资产和应付融资租赁款。这两个指标不仅包括售后回租所形成的资产和负债，也包括直接租赁所形成的资产和负债。本书借鉴Sharpe和Nguyen（1995）等的研究，设计了三个融资租赁指标。第一个指标是融资租赁哑变量（*Lease_dummy*），如果企业有融资租赁资产或融资租赁负债，则取值为1，否则取值为0。第二个指标是融资租赁资产占固定资产的比率（*Lease_asset*1），为企业融资租入固定资产净值与总固定资产净值之比。第三个指标是融资租赁资产占总资产的比率（*Lease_asset*2），为企业融资租入固定资产净值与总资产之比。需要指出的是，以往很多文献用融资租赁负债与总负债的比率来衡量融资租赁，但由于中国上市公司对“一年以内到期的应付融资租赁款”的披露不全，因此本书没有构建融资租赁的负债指标，但本书通过融资租赁哑变量这一指标来尽量全面地体现上市公司的融资租赁交易。

接下来将*Lease_dummy*、*Lease_asset*1和*Lease_asset*2作为被解释变量，对模型（4.1）进行回归，此处依然用符合现实背景的*Policy*3来衡量去产能政策，回归结果如表4.13所示。可见，无论采用哪种指标来衡量融资租赁交易，*Policy*3的系数都显著为正，这证实了去产能政策确实推动了产能过剩企业融资租赁交易的增长。

表4.13　去产能政策对产能过剩企业融资租赁交易的影响

变量	*Lease_dummy*	*Lease_asset*1	*Lease_asset*2
	（1）	（2）	（3）
*Policy*3	0.0666*** （3.42）	0.0051** （2.51）	0.0021*** （3.29）
Ln（*asset*）	0.0542*** （5.81）	0.0033*** （3.42）	0.0006** （2.38）
Cash_flow	−0.0377 （−1.14）	−0.0052 （−1.55）	−0.0013 （−1.31）
Cash_holding	−0.0234 （−0.98）	−0.0002 （−0.08）	0.0001 （0.20）
Long_loan	−0.0664 （−0.99）	−0.0086 （−1.41）	−0.0026 （−1.25）
Tobin_q	−0.0071*** （−3.35）	−0.0004** （−2.15）	−0.0001*** （−2.85）
Tax	−0.0122 （−0.79）	−0.0004 （−0.27）	0.0001 （0.24）
个体效应	控制	控制	控制
年份效应	控制	控制	控制

续表

变量	*Lease_dummy*	*Lease_asset1*	*Lease_asset2*
	(1)	(2)	(3)
N	15630	15343	15349
$adj.R^2$	0.448	0.411	0.412

注：括号中数据是调整了异方差和公司层面的聚类效应的t统计量。***、**分别表示参数的估计值在1%、5%的统计水平上显著。

4.9 本章小结

本章基于规避去产能政策的视角，探究了承租人以售后回租方式借款的动机和结果。基于对中国租赁业的观察，本章发现了去产能政策与售后回租的增长的关联。本章基于博弈论的理论框架分析了二者的逻辑关系：产能企业以售后回租方式借款规避去产能政策的融资限制。本章通过双重差分等模型从实证角度证实了产能过剩企业以售后回租方式借款来规避去产能政策的融资套利行为。具体地，本章得出以下结论：

第一，去产能政策显著增加了产能过剩企业的回租借款。从经济意义上来看，去产能政策的衡量指标从0增加到1以后，产能过剩企业的售后回租比率比非产能过剩企业的这一比率平均高0.10%左右，相对总体样本的售后回租比率平均值而言，其提高幅度达到90%。

第二，去产能政策显著降低了产能过剩企业的销售收入增长率和投资水平，但这一政策效果被售后回租的扩张削弱了2%~4%。

第三，去产能政策促使产能过剩企业以售后回租方式借款的机制是去产能政策降低了产能过剩企业通过贷款、发债等主流融资渠道获取的资金。去产能政策的衡量指标从0增加到1以后，产能过剩企业的总贷款融资额、短期贷款融资额、长期贷款融资额和发债融资额分别比非产能过剩企业的相关数值要低1.39%、0.05%、1.13%和0.25%。

第四，租赁公司所受监管趋严后，产能过剩企业以售后回租方式借款的融资套利行为得到遏制。这体现为，与2009年的去产能政策相比，2013年的去产能政策实施后，金融租赁公司所受监管趋严，于是产能过剩企业从金融租赁公司获取的售后回租融资额有所减少。

综上，本章发现的承租人以售后回租方式借款的动机和结果可以表述为：产能过剩企业是以售后回租方式借款的一类重要承租人，占据承租人总数的约30%。产能过剩企业以售后回租方式借款的动机是规避去产能政策的融资限制，这种融资套利行为的结果是削弱去产能政策的效果。可见，贷款性质的售后回租交易对政府治理产能过剩问题造成一定的阻碍，这是售后回租在经济中起到的消极作用。

本章结论对融资租赁业的健康发展和去产能工作的有效实施具有启示意义。首先，本章的结论表明，支撑中国租赁业增长的相当一部分需求来自于政策套利。所以，尽管中国融资租赁业实现数量上的高增长，但这种增长的质量较低。为了提高融资租赁业服务实体经济的效率，监管部门应严格管控租赁公司的资金投向，确保融资租赁回归本源，促进其在企业设备投资、推动产业升级等方面发挥积极作用。其次，本章的结论表明，贷款性质的售后回租交易为产能过剩企业补充融资渠道，这阻碍了去产能政策的有效施行。监管部门应注重产业政策与金融政策的相互协调，加强对各类金融机构或类金融机构的管理，进而提升去产能政策的实施效果。

第5章 承租人以售后回租方式借款的动机和结果
——基于缓解投融资期限错配的视角

本书第4章的研究结论表明，规避去产能政策的融资限制是产能过剩企业以售后回租方式借款的动机之一。不过，以售后回租方式借款的承租人中不仅有产能过剩企业，还有非产能过剩企业。本书4.6.1部分的统计表明，在以售后回租方式借款的承租人中，产能过剩企业占30%，还有高达70%的承租人是非产能过剩企业。所以，除了规避去产能政策的融资限制外，承租人以售后回租方式借款一定有其他动机。从中国企业的投融资现状出发，本章基于缓解投融资期限错配这一研究视角来分析承租人以售后回租方式借款的动机和结果。具体地，本章尝试回答以下两个问题：

第一，企业以售后回租方式借款的动机是缓解投融资期限错配吗？

第二，企业以售后回租方式借款来缓解投融资期限错配的行为造成哪些结果。

5.1 企业以售后回租方式借款与投融资期限错配产生联系的现实背景

从中国企业的投融资现状来看，中国企业的长期资金需求旺盛，但长期融资获取渠道有限且融资效率较低，也就是说，中国金融市场的长期资金供给难以有效满足中国企业的长期融资需求，这导致中国企业普遍存在长期资金不足、“短贷长投”的投融资期限错配现象（钟凯等，2016；白云霞等，2016；马红等，2018）。首先，从长期资金的需求侧来看，中国企业对长期资金有着持续的刚性需求。在财务期限匹配的原则下，企业需要用长期资金来支撑长期投资和永久性流动资产。中国企业每年都进行大量的长期投资，此外，存货、应收账款等永久性流动资产也要占用长期资金，因此，为了达到期限匹配的基本要求，中国企业对长期资金产生大量需求。其次，从长期资金的供给侧来看，中国现有金融市场中的长期融资渠道十分有限。长期贷款、债券融资和权益融资是金融市场上提供长期资金的三种主要渠道，而中国的债券融资渠道和权益融资渠道发展较晚，且规模较小。对企业来说，长期贷款（通常为项目贷款的形式）是最主要的长期融资渠道，而项目贷款的放款效率较低，主要体现为申请手续烦琐、审批流程慢、获批难度大。所以，中国企业的长期融资渠道十分有限。

从以上有关中国企业对长期资金的需求以及中国金融市场中长期资金的供给状况的分析可以发现，中国金融市场中的长期资金供给难以有效满足中国企业的长期融资需求，这就导致中国企业使用短期信贷来支撑长期资产的行为，也就是“短贷长投”的投融资错配现象。现有研究证明，“短贷长投”并不是中国企业为节省财务成本而主动采取的“激进型财务策略”，而是企业应对长期融资体系不完善而采取的替代性财务策略（钟凯等，2016；白云霞等，2016）。在中国企业存在普遍的投融资期限错配的背景下，租赁公司自2007年开始提供的售后回租业务为企业提供一条新的长期融资渠道。售后回租的融资期限较长，一般为3~5年，更长者可达到10年以上。另外，售后回租具备审批链条短、放款效率高的优点。所以，对于存在投融资期限错配的企业，售后回租可以作为一种补充长期资金、缓解投融资期限错配的融资渠道。

一些上市公司在其售后回租公告中披露的融资目的为本书的这一推测提供初步证据。比如，闽东电力、华夏幸福等指出，其以售后回租方式借款的目的是“优化资产负债结构，增加长期借款比例”“解决中长期资金需求”“置换短期银行借款”等。

5.2 企业投融资期限错配文献综述及述评

5.2.1 企业融资期限错配文献综述

在第3章，本书对国内外融资租赁和售后回租领域的文献进行了详细回顾，此处不再赘述。本部分主要对企业投融资期限错配领域的文献进行概述。

企业投融资期限错配的概念是相对于企业投融资期限匹配的概念而言的。所谓投融资期限匹配，就是指企业根据其资产的期限来选择负债期限，利用短期负债来为短期资产筹资，利用长期负债来为长期资产筹资。西方国家，由于其金融市场比较发达，能够为企业提供充足的融资渠道，所以企业的投融资决策往往符合期限匹配的原则。西方的文献大多从投融资期限匹配的角度进行研究，主要探讨了遵循期限匹配原则的原因和影响。Morris（1976）提出了企业在做出融资决策时应当遵从期限匹配的原则（hedging policy）。他指出，期限匹配原则就是根据资产寿命来选择负债的期限。如果负债期限短于资产寿命，那么资产产生的现金流可能不足以偿还负债；如果负债期限长于资产寿命，那么偿还负债的资金来源出现不确定性。Myers（1977）从代理成本的角度解释了期限匹配原则。他指出，企业的未来投资会影响企业价值，但未来投资要根据投资机会来相机决定。风险债务可能导致企业错失投资机会，进而降低企业价值。为了保护企业价值和债权人的权益，企业应当遵循资产期限和负债期限相匹配的原则。Hart和More（1994）从人力资本的角度解释了期限匹配原则。他们指出，企业家向投资者筹资来投资某一个盈利项目时，企业家自身对项目的不可替代性会对投资者的权益造成威胁，这会导致筹资失败。从与债权人谈判的难易度方面来看，企业应遵循期限匹配的原则。Jan和Jen（2005）从利率风险的角度解释了期限匹配原则。他们指出，当利率变化时，期限匹配原则能够稳定企业的股权价值。为了使企业的股权价值尽量保持稳定，企业应当遵循期限匹配原则。

中国由于金融体系欠发达，长期融资渠道匮乏，很多企业都用短期资金来支撑长期投资，即“短贷长投”的投融资期限错配现象较为普遍。所以，中国的文献主要探讨了中国企业出现投融资期限错配现象的原因、结果以及改善措施。钟凯等（2016）探讨了货币政策适度水平与企业投融资期限错配的关系。他们的研究结论表明，“短贷长投”这种投融资期限错配的现象在中国企业中客观存在，并且对企业业绩产生了负面影响。这种期限错配是企业自主决策的结果，且可以被货币政策适度水平的提高而抑制。白云霞等（2016）从制度角度探究了中国企业投融资期限错配的原因。他们的实证结果表明，中国企业存在用短期融资支持长期投资的期限错配现象，并且这种期限错配不是出于节约融资成本的财务策略，而是源于中国金融市场结构不完备、利率期限结构不合理以及货币政策不稳定等制度缺陷。刘红忠和史霜霜（2017）研究了地方政府融资平台的投融资期限错配问题。他们利用2009—2015年886家地方政府融资平台的数据，通过“投资—负债”模型对地方政府融资平台的期限错配状况进行了检验。研究结果表明，地方政府融资平台的投资与短期借款之间有着显著的依赖关系，并且政府干预会加重投融资期限错配程度。徐尧等（2017）探讨了企业投融资期限错配程度对企业绩效的影响，以及货币政策对二者关系的调节作用。实证结果表明，投融资期限错配程度与企业绩效之间呈现倒“U”形关系，紧缩的货币政策会依据期限错配程度的不同而产生不同的调节作用。马红等（2018）探讨了产融结合对企业投融资期限错配的影响。他们发现，产融结合可以降低企业的期限错配程度，进而改善企业的业绩。另外，产融结合缓解期限错配的机制可以缓解企业的融资约束，并且产融结合对企业期限错配所起到的缓解作用对非国有企业和小型企业更为显著。马红等（2018）分析了“短贷长投”对中国企业的创新活动产生的影响。他们的研究结果表明，“短贷长投”会抑制企业的创新能力，并且这种抑制效应和企业的产权性质、规模等特征有关。另外，“短贷长投”抑制企业创新的机制主要体现为“短贷长投”降低了人力资本投入和研发投入。罗宏等（2018）利用2007—2016年的上市公司数据，对“短贷长投”的信号传递价值进行研究。具体地，他们通过研究审计师对“短贷长投”公司出具的审计意见发现，“短贷长投”被审计师视作风险较高的审计事项，使得审计师发表非标准审计意见的概率增加。特别地，对于非国有企业和资产可抵押性较低的企业，审计师会将这类企业的“短贷长投”行为识别为更高的审计风险。沈红波等（2019）分析了地方国有企业投融资期限错配行为的成因，并提出治理对策。他们利用2005—2013年中国工业企业数据库中的国有企业数据，通过“投资—负债”模型对短期债务变化与长期投资的动态关系进行了分析。结果显示，金融市场的长期资金供给能力不足，限制了国有企业的长期融资渠道。另外，地方国有企业存在严重的投融资期限错配问题。为了解决地方国有企业的投融资期限错配，应对企业、银行、政府等多个主体进行综合治理。

5.2.2 文献述评以及本章的创新点

与现有文献相比，本章是对“融资租赁与售后回租的研究”及“企业投融资期限错配”这两个领域的丰富和补充。一方面，在“融资租赁与售后回租的研究”领域，本书以中国企业为研究对象，从缓解投融资期限错配的角度分析了企业以售后回租方式借款的动机，为中国企业的租赁动机提供了新的解释。另一方面，在“企业投融资期限错配”领域，现有文献主要从货币政策、产融结合等角度探讨了缓解期限错配的改进措施，但尚没有文献关注售后回租这种新型融资渠道对企业投融资期限错配程度的影响。实际上，售后回租可以视为中国于2007年起新引入的一种长期融资工具，所以本书结论印证了健全完善长期融资体系对缓解企业投融资期限错配的重要性。

5.3　理论分析

在理论上，企业以售后回租方式借款缓解投融资期限错配的行为可以由投融资期限匹配的相关理论和中国企业投融资期限错配的特征事实来解释。

第一，投融资期限匹配是金融学的基本准则。根据投融资期限匹配的准则，企业应当用短期资金来支持短期资产，用长期资金来支持长期资产。遵循投融资期限匹配的准则可以为企业带来诸多好处，如降低风险、稳定企业价值等。反之，违背投融资期限匹配的准则却会给企业带来风险并损害企业价值。所以，理性的企业应当遵从投融资期限匹配的准则，这符合企业利益最大化的目标。

第二，由于中国长期融资体系不完善，缺乏长期融资渠道，企业难以获得足够的长期资金用于投资，于是只能用短期贷款来支撑长期资产，即出现“短贷长投”的期限错配行为。在中国，债券融资渠道和股票融资渠道不发达，长期银行贷款是企业最重要的长期融资渠道。而长期银行贷款的申请门槛高且审批效率低，绝大部分企业在申请长期银行贷款时面临审批不通过或贷款额度有限的问题。所以，中国现有的长期融资体系难以满足企业的长期融资需求，于是企业就只能用短期贷款来支持长期投资。因此，中国企业“短贷长投”的投融资期限错配行为并不是以节省融资成本为目标的主动性财务策略目的，而是企业应对不完善的长期融资体系的替代性融资机制。另外，企业的投融资期限错配行为造成一系列的负面效应，包括增加经营风险、引发非效率投资、提高财务困境成本、降低企业业绩等（钟凯，2016）。

在上述背景下，售后回租为企业提供了一种新型长期融资渠道。作为一种长期融资方式，售后回租具有融资期限长、申请门槛低、放款效率高和使用灵活性强等优点。表5.1从融资期限、申请门槛、放款效率和使用灵活性四个方面对售后回租和银行项目贷款进行了对比。①在融资期限上，售后回租和项目贷款都可以根据企业需求提供中长期资金支持。②在申请门槛上，售后回租的申请门槛较低。这与售后回租和项目贷款的融资成本有关。项目贷款的融资成本较低，银行可以对借款企业的信用资质进行严格筛选，所以项目贷款的申请门槛较高。而售后回租的融资成本较高，租赁公司也会相应降低申请门槛。③在放款效率上，售后回租的放款效率更高。售后回租由租赁公司风险部审批，审批链条短、放款较快。项目贷款一般由银行总行审批，审批链条长、放款较慢。④在使用灵活性上，售后回租的灵活性更强。售后回租不限制资金用途，而项目贷款则限制资金使用方向，银行要求企业配合其对资金用途进行调查和询问。总之，售后回租在融资期限、申请门槛、放款效率和使用灵活性上的优势使其成为一种具有竞争力的长期融资方式，中国企业非常有可能以售后回租方式借款来缓解投融资期限错配。

表5.1　售后回租和项目贷款的特征对比

比较项目	售后回租	项目贷款
融资期限	一般为3~5年，更长者可达10~20年	包括中期贷款（1~5年）和长期贷款（5年以上）

续表

比较项目	售后回租	项目贷款
申请门槛	门槛较低	门槛较高
放款效率	由租赁公司风险部审批，审批链条短、放款较快	一般由银行总行审批，审批链条长、放款较慢
使用灵活性	不限制资金用途，灵活性强	对资金用途进行比较严格的监管

5.4　研究假设

本章的第一个研究目的是探究企业以售后回租方式借款的动机是否为缓解投融资期限错配。如果企业以售后回租方式借款的动机是缓解投融资期限错配，那么售后回租对期限错配较严重的企业具有更强的吸引力。因此，投融资期限错配越严重的企业，越倾向于以售后回租方式借款。据此本书提出假设5.1。

假设5.1：企业投融资期限错配越严重，越倾向于以售后回租方式借款。

中国企业投融资期限错配的一个最突出表现是“短贷长投”现象，即企业用短期信贷来支撑长期投资。如果企业以售后回租方式借款的动机是缓解投融资期限错配，那么售后回租应当对“短贷长投”行为较严重的企业更有吸引力。也就是说，以售后回租方式借款的企业，其“短贷长投”行为更加严重。据此本书提出假设5.2。

假设5.2：以售后回租方式借款的企业，其“短贷长投”行为更加严重。

本章的第二个研究目的是探究企业以售后回租方式借款缓解投融资期限错配的行为造成哪些结果。如果企业以售后回租方式借款的动机是缓解期限错配，那么企业在获得售后回租的资金后，会按照期限匹配的原则来配置资金，这有助于缓解企业的投融资期限错配程度。据此本书提出假设5.3。

假设5.3：企业在以售后回租方式借款后，其投融资期限错配程度得到缓解。

由于中国企业的投融资期限错配并不是出于节省融资成本的财务策略目的，而是应对金融制度缺陷的替代性机制，因此企业的投融资期限错配并不会由于降低融资成本而提高业绩，反而会由于增加经营风险、提高财务困境成本等而降低企业的业绩（钟凯等，2016）。企业在获得售后回租的长期资金后，如果其投融资期限错配程度得到缓解，那么投融资期限错配对其业绩造成的负面影响应当有所降低。据此本书提出假设5.4。

假设5.4：企业在以售后回租方式借款后，其投融资期限错配对业绩造成的负面影响有所降低。

5.5 研究设计

为了验证假设5.1，本书设计了模型（5.1）至模型（5.3）来探讨企业的投融资期限错配程度与回租借款的关系。

$$SLB\_dummy_{i,t}=\alpha_0+\alpha_1 Term\_matching_{i,t}+\sum_k \alpha_k Control_{i,t-1}+FirmFE+YearFE+\mu_{i,t} \tag{5.1}$$

$$Logit\_(SLB\_dummy)_{i,t}=\beta_0+\beta_1 Term\_matching_{i,t}+\sum_k \beta_k Control_{i,t-1}+IndustryFE+YearFE+\varepsilon_{i,t} \tag{5.2}$$

$$Probit(SLB\_dummy)_{i,t}=\delta_0+\delta_1 Term\_matching_{i,t}+\sum_k \delta_k Control_{i,t-1}+IndustryFE+YearFE+\kappa_{i,t} \tag{5.3}$$

模型（5.1）至模型（5.3）中的被解释变量为售后回租哑变量（*SLB_dummy*），如果企业当年通过售后回租获取资金，那么该哑变量取值为1，否则取值为0。由于*SLB_dummy*为二值选择类型的离散变量，为了克服估计不一致的问题，本书除了进行模型（5.1）的双向固定效应回归外，还采用非线性的Logit回归和Probit回归来进行估计，具体见模型（5.2）和模型（5.3）。三个模型中的主要解释变量为企业的投融资期限匹配程度（*Term_matching*）。借鉴白云霞等（2016）的研究，本书使用长期负债与所有者权益之和对长期资产的比率进行衡量，该指标表示企业长期资金来源对长期资产的覆盖程度。该指标越大，说明企业的长期资金来源越足以支撑企业的长期资产，即企业的期限匹配程度越高，也就是期限错配程度越低；反之，指标越小，说明企业的长期资金越不足以支撑企业的长期资产，即企业的期限匹配程度越低，也就是期限错配程度越高。本书借鉴Sharpe和Nguyen（1995）、Eisfeldt和Rampini（2009）等的研究，选择资产规模、现金流比率、持有现金比率、杠杆比率、托宾Q、企业实际所得税率作为控制变量。模型（5.1）至模型（5.3）中投融资期限匹配程度的系数α_1、β_1和δ_1为本书的核心系数。如果假设5.1成立，那么投融资期限匹配程度的系数应显著为负。

为了验证假设5.2，本书借鉴McLean 和Zhao（2014）、马红等（2018）的研究，构建模型（5.4）来衡量企业的“投资—短期贷款”敏感性。

$$Invest_{i,t}=\phi_0+\phi_1 Short\_loan_{i,t}+\phi_2 Short\_loan_{i,t}\times SLB\_dummy_{i,t}+\phi_3 SLB\_dummy_{i,t}+\sum_k \phi_k Control_{i,t-1}+\nu_{i,t} \tag{5.4}$$

模型（5.4）中的被解释变量为投资规模（*Invest*），用购建固定资产、无形资产和其他长期资产支付的现金与上期总资产的比率来衡量；模型中的主要解释变量为短期贷款（*Short_loan*）及其与售后回租哑变量的交乘项（*Short_loan*×*SLB_dummy*），其中短期贷款为企业短期贷款增量与上期总资产的比率。短期贷款的系数表示企业的“投资—短期贷款”敏感度，如果该系数为正，那么说明企业存在“短贷长投”的行为；如果假设5.2成立，那么以售后回租方式借款的企业应当具有更高的“投资—短期贷款”敏感性，即交乘项的系数应显著为正。此外，模型（5.4）还将企业的资产规模、现金流、杠杆比率和托宾Q作为控制变量。

验证假设5.3和假设5.4的难点是如何确定企业的售后回租交易的有效期，其难点主要体现在两个方面：一是很多企业没有披露其售后回租的租期，导致数据缺失；二是同一个企业可能在不同年份多次采用售后回租获取资金，而后一笔售后回租交易开始时，前一笔售后回租交易仍未结束，这会导致不同笔售后回租交易的有效期出现重合。本书解决第一个问题的方法是，对披露租期的样本进行统计，用这些样本所披露的租期的中位数作为所有样本售后回租交易有效期的估计值。具体地，在本章692个进行售后回租交易的样本中，共有469个样本披露了其售后回租交易的租期，这些样本的租期的中位数为3年。因此本书认为所有售后回租交易的有效期均为3年，这可以避免删去没有披露租期的样本，从而保留尽量多的样本量。本书解决第二个问题的方法是，仅保留在研究区间内进行过1次售后回租交易的样本，这样可以避免同一个企业的多次售后回租交易有效期发生交叉重叠的问题，从而尽量准确地估计售后回租对企业的投融资期限错配程度的影响。本书建立模型（5.5）来分析企业在以售后回租方式借款的前后3年时间里其投融资期限错配程度的变化。参与回归的样本是只在研究区间内进行过1次售后回租并在售后回租的前后3年内（含3年）财务数据齐全的企业。

$$Term\_matching_{i,t}=\lambda_2+\lambda_1 Post\_SLB_{i,t}+\sum_k \lambda_k Control_{i,t-1}+\varepsilon_{i,t} \quad (5.5)$$

模型（5.5）中的被解释变量为企业的投融资期限匹配程度（*Term_matching*），用长期负债与所有者权益之和对长期资产的比率来衡量。主要解释变量为售后回租有效期（*Post_SLB*），表示企业在t年是否处于售后回租的有效期内。如果样本年份为企业以售后回租方式借款之前的第1至第3年，那么*Post_SLB*取值为0，如果样本年份为企业以售后回租方式借款的当年至之后第

2年，那么*Post_SLB*取值为1。*Post_SLB*的系数λ_1为本书的核心系数。如果假设5.3成立，即企业在以售后回租方式借款后其投融资期限错配程度得到缓解，那么在售后回租的有效期之内，企业的长期资金来源对长期资产的覆盖程度应当有所增加，即售后回租有效期的系数λ_1应当显著为正。

本书设计了模型（5.6）来验证假设5.4，参与回归的样本同样是只在研究区间内进行过1次售后回租并且在售后回租交易的前后3年内（含3年）财务数据齐全的企业。

$$ROE=\eta_0+\eta_1 Term\_matching_{i,t-1}+\eta_2 Post\_SLB_{i,t}+\eta_3 Term\_matching_{i,t/t-1}\times Post\_SLB_{i,t}+\sum_k \eta_k Control_{i,t-1}+\pi_{i,t} \tag{5.6}$$

表5.2汇总了模型（5.1）至模型（5.6）中各变量的定义和说明。

表5.2　模型（5.1）至模型（5.6）中各变量的名称及定义

变量代码	变量名称	变量定义
SLB_dummy	售后回租哑变量	若企业当年以售后回租方式获取资金，则取值为 1，否则取值为 0
Term_matching	投融资期限匹配程度	（长期负债 + 股东权益）÷ 长期资产
Invest	投资	购建固定资产、无形资产和其他长期资产支付的现金 ÷ 上期总资产
ROE	净资产收益率	净利润 ÷ 净资产
Short-term_loan	短期贷款增量	短期贷款增量 ÷ 上期总资产
Ln（*asset*）	资产规模	总资产取对数
Cash_flow	现金流	经营活动产生的现金流净额 ÷ 上期总资产
Cash_holding	现金持有	货币资金 ÷ 总资产
Leverage	负债	总负债 ÷ 总资产
Tobin_q	托宾 *Q*	市值 ÷（资产总计 – 无形资产净额 – 商誉净额）
Tax	实际所得税比率	所得税支出 ÷ 税前利润
SOE	产权性质	国有企业取值为 1，民营企业取值为 0

5.6 研究结果

5.6.1 描述性统计

表5.3汇总了模型（5.1）至模型（5.6）中各变量的描述性统计结果。

表5.3 模型（5.1）至模型（5.6）中各变量的描述性统计

变量	平均值	标准差	最小值	中位数	最大值
SLB_dummy	0.045	0.206	0	0	1
Term_matching	2.171	2.449	0.0305	1.449	17.400
Invest	0.066	0.071	0	0.044	0.383
ROE	0.060	0.141	–0.771	0.066	0.436
Short–term_loan	0.017	0.081	–0.204	0	0.357
Ln（*asset*）	21.770	1.194	19.290	21.640	25.330
Cash_flow	0.041	0.078	–0.201	0.041	0.259
Cash_holding	0.191	0.145	0.009	0.149	0.686
Leverage	0.462	0.221	0.048	0.465	1.019
Tobin_q	2.334	2.151	0.231	1.690	12.510
Tax	0.171	0.170	–0.547	0.159	0.798
SOE	0.439	0.496	0	0	1

为了对中国企业的投融资期限错配情况进行更直观的展现，本书分年份统计了企业的投融资期限匹配程度，即长期负债与所有者权益之和与长期资产的比率（*Term_matching*），并形成图5.1。在企业进行投融资期限匹配时，长期投资和永久性流动资产都需要长期资金的支持，因此投融资期限匹配程度的取值应当大于1。而从图5.2可见，对于全体样本，投融资期限匹配程度的25%分位数在2007—2016年基本都小于1，这说明中国至少有25%的企业处于“短贷长投”的投融资期限错配中。图5.2进一步对比了回租借款样本和无回租借款样本在投融资期限匹配程度上的差异。无论是中位数还是25%分位数，

在绝大部分年份，回租借款样本的投融资期限匹配程度都明显小于无回租借款样本。这在直观上印证了假设5.1，即企业的投融资期限错配越严重，企业越倾向于以售后回租方式借款。

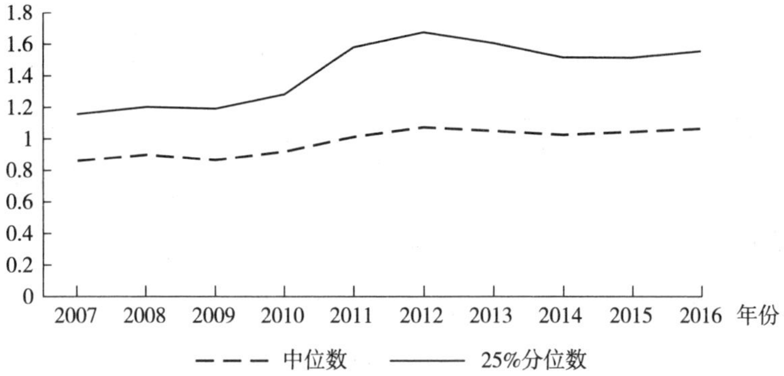

图5.1　2007—2016年全体样本的投融资期限匹配程度

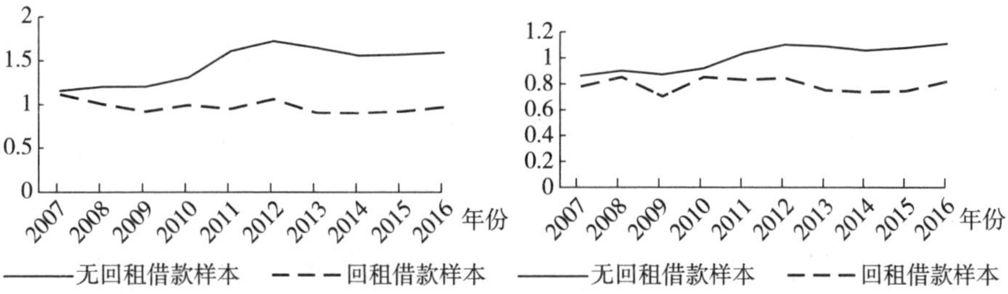

（a）中位数对比　　（b）25%分位数对比

图5.2　2007—2016年回租借款样本和无回租借款样本的投融资期限匹配程度对比

5.6.2　企业投融资期限错配程度对回租借款倾向的影响

表5.4汇总了模型（5.1）至模型（5.3）的回归结果。第（1）列至第（3）列分别为面板回归、Logit回归和Probit回归的结果。在这三列回归结果中，企业的投融资期限匹配程度系数均显著为负，说明企业的长期资金来源越不足以支撑企业的长期资产，企业越倾向于以售后回租方式借款，即企业的投融

资期限错配程度越高，其越倾向于以售后回租方式借款。此外，投融资期限错配程度的系数不仅具有统计意义上的显著性，还具有经济意义上的显著性。在第（1）列的面板回归中，投融资期限匹配程度每降低1个标准差，售后回租哑变量的取值就相应增加0.37%，相对于售后回租的样本均值4.5%（见表5.3）而言，提高了约8%。在第（2）列的Logit回归中，投融资期限匹配程度每降低1个标准差，企业以售后回租方式借款的概率相应平均增加0.09个百分点，相当于均值预测概率（0.18个百分点）的50%。在第（3）列的Probit回归中，投融资期限匹配程度每降低1个标准差，企业以售后回租方式借款的概率相应平均增加0.07个百分点，相当于均值预测概率（0.12个百分点）的58%。以上结果都表明，企业的投融资期限错配程度越高，企业越倾向于以售后回租方式借款，证实了假设5.1。

值得注意的是，表5.4的结果在一定程度上表明“融资约束理论”和“税负差异理论”在中国的失效。一是在第（1）列至第（3）列的结果中，资产规模的系数都显著为正，说明规模越大的企业越倾向于以售后回租方式借款，这和“融资约束理论”的预测相反。二是在第（1）列的结果中，实际所得税比率的系数不显著；在第（2）列和第（3）列的结果中，实际所得税比率的系数都显著为正，这和“税负差异理论”的预测相反。

表5.4　企业投融资期限错配程度与其是否以售后回租方式借款的关系

变量	（1）	（2）		（3）	
	面板回归	Logit 回归	概率变化（%）	Probit 回归	概率变化（%）
Term_matching	−0.0015* （−1.83）	−0.2685*** （−3.35）	−0.09	−0.1011*** （−3.30）	−0.07
Ln（*asset*）	0.0268*** （3.88）	0.3689*** （6.26）	0.10	0.1753*** （6.03）	0.18
Cash_flow	−0.0055 （−0.22）	−2.1048*** （−3.22）	−0.03	−1.0567*** （−3.40）	−0.03

续表

变量	(1)	(2)		(3)	
	面板回归	Logit 回归	概率变化（%）	Probit 回归	概率变化（%）
Cash_holding	0.0284 (1.53)	−0.2267 (−0.41)	−0.01	0.0322 (0.12)	0
Leverage	0.0726*** (3.70)	2.6516*** (8.17)	0.14	1.2890*** (8.68)	0.17
Tobin_q	−0.0016 (−1.15)	−0.1253*** (−2.92)	−0.04	−0.0505*** (−2.71)	−0.04
Tax	−0.001 (−0.14)	0.4532** (1.99)	0.01	0.2231** (2.01)	0.02
SOE		−0.4158*** (−3.01)	−0.07	−0.1775*** (−2.75)	−0.07
均值预测概率			0.18		0.12
行业效应	—	控制	—	控制	—
个体效应	控制	—	—	—	—
年份效应	控制	控制	—	控制	—
N	15516	14971		14971	
adj.R^2	0.231				
pseudo R^2		0.178		0.175	

注：概率变化（%）代表连续自变量增加一个标准差或者虚拟变量从0增加到1且其余自变量取样本均值时企业新增融资租赁的概率变化。均值预测概率表示所有自变量取样本均值水平时模型预测的概率。括号中数据是调整了异方差和公司层面的聚类效应的*t*统计量。***、**、*分别表示参数的估计值在1%、5%、10%的统计水平上显著。

5.6.3　企业回租借款倾向与其“短贷长投”行为的关系

表5.5展示了企业回租借款倾向与其“短贷长投”行为的关系。在第（1）列中，短期贷款的系数在1%的显著性水平上为正，说明企业的长期投资与短期贷款具有显著的正相关关系，即中国企业普遍存在“短贷长投”的行为。第（2）列加入售后回租哑变量作为解释变量，售后回租哑变量的系数为正，

并且t值为1.63，非常接近在10%的水平上显著。这说明以售后回租方式借款的企业的投资规模更大，这一发现也符合直觉。投资规模大的企业对长期资金具有更多的需求，因此要用售后回租来补充长期资金。第（3）列汇总了模型（5.4）的回归结果，该列加入短期贷款与售后回租哑变量的交乘项作为解释变量，交乘项的系数在5%的显著性水平上为正，说明以售后回租方式借款的企业具有更高的“投资—短期贷款”敏感度。也就是说，以售后回租方式借款的企业，其“短贷长投”行为更加严重，证实了假设5.2。

表5.5　企业是否以售后回租方式借款与其“短贷长投”行为的关系

变量	（1）	（2）	（3）
Short-term_loan	0.1713*** （16.91）	0.1709*** （16.95）	0.1645*** （16.32）
SLB_dummy		0.0059 （1.63）	0.0022 （0.64）
Short-term_loan×*SLB_dummy*			0.1095** （2.35）
Cash_flow	0.0972*** （10.24）	0.0974*** （10.27）	0.0970*** （10.26）
Ln（*asset*）	−0.0078*** （−3.79）	−0.0080*** （−3.89）	−0.0079*** （−3.85）
Tobin_q	0.0039*** （6.78）	0.0039*** （6.81）	0.0038*** （6.77）
Leverage	−0.0417*** （−5.90）	−0.0422*** （−5.99）	−0.0427*** （−6.10）
个体效应	控制	控制	控制
年份效应	控制	控制	控制
N	15516	15516	15516
$adj.R^2$	0.446	0.446	0.447

注：括号中数据是调整了异方差和公司层面的聚类效应的t统计量。***、**分别表示参数的估计值在1%、5%的统计水平上显著。

5.6.4 企业回租借款对其投融资期限错配程度的影响

表5.6汇总了模型（5.5）的回归结果。第（1）列只加入售后回租有效期作为解释变量，售后回租有效期的系数为正，并且t值为1.65，已经非常接近在10%的水平上显著。第（2）列加入其他控制变量，售后回租有效期的系数在10%的水平上显著为正。从经济意义上来看，以第（2）列的结果为例，售后回租有效期的取值从0增加到1以后，企业的投融资期限匹配程度将增加1.0782，相对于投融资期限匹配程度的均值（2.171，见表5.3）而言，提高了近50%。因此，表5.6的结果表明，企业在以售后回租方式借款后，其投融资期限错配程度得到缓解，证实了假设5.3。

表5.6 回租借款对企业投融资期限错配程度的影响

变量	（1）	（2）
Post_SLB	0.9571 （1.65）	1.0782* （1.78）
Ln（*asset*）		–0.2281 （–0.18）
Leverage		2.9795 （0.91）
Tobin_q		0.0249 （0.11）
Cash_flow		–6.8247 （–1.63）
个体效应	控制	控制
年份效应	控制	控制
N	246	246
$adj.R^2$	0.519	0.527

注：括号中数据是调整了异方差和公司层面的聚类效应的t统计量。*表示参数的估计值在10%的统计水平上显著。

5.6.5 企业回租借款、投融资期限错配与企业业绩的关系

表5.7汇总了模型（5.6）的回归结果，第（1）列中使用投融资期限匹配程度的当期值，第（2）列中使用投融资期限匹配程度的滞后一期值。在第（1）列中使用投融资期限匹配程度的当期值时，投融资期限匹配程度的系数为正，但并不显著。在（2）列中使用投融资期限匹配程度的滞后一期值时，投融资期限匹配程度的系数在10%的水平上显著为正。这说明企业的投融资期限匹配程度越高，企业的绩效越好，即企业的投融资期限错配程度越高，企业的绩效越差，这证实了投融资期限错配对企业业绩的负面影响确实存在。在第（1）列和第（2）列中，投融资期限匹配程度与售后回租哑变量的交乘项的系数均在10%的水平上显著为负，这说明企业在以售后回租方式借款后，其投融资期限错配程度对业绩的负面影响有所降低，证实了假设5.4。

表5.7 企业回租借款、投融资期限错配与企业业绩的关系

变量	（1） *Term_matching* 取当期值	（2） *Term_matching* 取滞后一期值
Term_matching	0.0034 （1.17）	0.0037* （1.69）
Post_SLB	–0.0638* （–1.72）	–0.0582 （–1.50）
Term_matching×*Post_SLB*	–0.0077* （–1.72）	–0.0112* （–1.69）
Ln（*asset*）	–0.0690* （–1.71）	–0.0668 （–1.67）
Leverage	0.3739* （1.79）	0.3889* （1.86）
Tobin_q	0.0071 （0.56）	0.0072 （0.59）
个体效应	控制	控制
年份效应	控制	控制

续表

变量	（1） *Term_matching* 取当期值	（2） *Term_matching* 取滞后一期值
N	246	246
$adj.R^2$	0.276	0.281

注：括号中数据是调整了异方差和公司层面的聚类效应的t统计量。*表示参数的估计值在10%的统计水平上显著。

5.7　进一步分析：基于产权性质的异质性分析

为了探究企业的产权性质是否会影响企业的回租借款与投融资期限错配程度的关系，本书按照企业的最终控制人是否为国有机构将样本分为国有样本和非国有样本，然后用两组样本分别对模型（5.1）和模型（5.5）进行回归，回归结果见表5.8。

表5.8的第（1）列和第（2）列为国有样本和非国有样本对模型（5.1）的回归结果。对于国有样本，投融资期限匹配程度的系数在5%的水平上显著为负；对于非国有样本，投融资期限匹配程度的系数虽为负，但并不显著。因此，相比之下，国有样本以回租借款来缓解期限错配的动机更加明显。表5.8的第（3）列和第（4）列为国有样本和非国有样本对模型（5.5）的回归结果。对于国有样本，售后回租有效期的系数在10%的水平上显著为正；对于非国有样本，售后回租有效期的系数虽为正，但并不显著。因此，相比之下，回租借款对国有样本的投融资期限错配起到更好的缓解作用。

因此，企业的回租借款与投融资期限错配程度的关系受到产权性质的显著影响。一方面，国有企业以回租借款来缓解投融资期限错配的动机更加强烈；另一方面，回租借款对国有企业的投融资期限错配起到更好的缓解作用。在解释企业的产权性质所引起的上述差异方面，本书认为，这些差异与两个方面因素有关：一是国有企业的投融资期限错配程度更加严重，这使国有企业更需要寻求长期资金来支持长期投资。现有研究表明，国有企业的快速扩张欲望更强，也更有可能进行过度投资（程仲鸣等，2008；黄健柏等，2015）。因此，国有企业的长期资金缺口更大。为了弥补资金缺口，国有企业更可能以回租借款来缓解其投融资期限错配。二是售后回租的融资成本影响了国有企业和民营企业的融资动机。售后回租的融资成本介于银行贷款和民间融资之间，这是由租赁公司的融资渠道所决定的。租赁公司的主要资金来自于银行贷款，而租赁公司在放款时要附加一定的盈利加成，所以售后回租的融资成本要高于银行贷款。但和小额贷款公司等民间融资机构相比，租赁公司的杠杆倍数更高、融资渠道更广且股东背景更强，所以售后回租的融资成本要低于民间融资的成本。国有企业和民营企业对融资成本的容忍度不同，这使得两类企业以售后回租方式借款的融资动机也不同。从是否缓解投融资期限错配的角度来看，企业的回租借款动机可以分为两种：一种是将售后回租的资金投入长期项目来缓解投融资期限错配；另一种是将售后回租的资金用作流动资金，投入日常经营。对于国有企业来说，其易于获得低成本的短期银行贷款，不可能选择成本更高的售后回租来作为流动资金。与银行贷款相比，售后回租的主要优势就是融资期限较长且放款效率较高。所以国有企业之所以能够接受成本较高的售后回租，是因为其主要动机是缓解投融资期限错配。对于民营企业来说，其获得银行贷款的难度更大，且时常面临银行“抽贷”“倒贷”的问题，甚至有时需要依靠民间融资作为“过桥”贷款来应付临时性的资金需求。因此，售后回租对民营企业而言并不属于高成本的融资方式，即使将售后回租用作流动资金，其财务成本也完全在民营企业的接受范围内。这就使得售后回租的两种融资动机对民营企业都成立，即民营企业既可能用售后回租的资金来缓解投融资期限错配，也可能将售后回租的资金用作日常运营。为了获得有关国有企业和民营企业的回租借款动机方面的更可靠信息，本书咨询了数位租赁公司的销售人员，他们表示，国有企业和民营企业的回租借款动机和回租资金用途确实存在差别。绝大部分国有企业在获得售后回租的资金后都会将资金投入长期的投资项目；民营企业既可能将资金用于日常支出，也可能将资金用作长期投资。可见，业界人士的反馈进一步证实了本书对国有企业和民营企业的回租借款动机的分析。

表5.8　国有样本和非国有样本对模型（5.1）和模型（5.5）的回归结果

变量	***SLB_dummy***		***Term_matching***	
	国有样本	非国有样本	国有样本	非国有样本
	（1）	（2）	（3）	（4）
Term_matching	−0.0034** （−2.07）	−0.0014 （−1.40）		
Post_SLB			0.3754* （1.79）	0.5312 （1.37）
Ln（*asset*）	0.0194** （2.02）	0.0330*** （3.16）	0.1872 （0.58）	−2.3493 （−0.88）
Cash_flow	0.0026 （0.06）	−0.0108 （−0.37）	−0.6950 （−0.96）	−2.4289 （−1.01）
Cash_holding	−0.0376 （−1.00）	0.0525** （2.44）		
Leverage	0.0933*** （2.95）	0.0562** （2.19）	0.1351 （0.09）	0.3540 （0.16）
Tobin_q	0.0016 （0.54）	−0.0021 （−1.34）	0.1645 （1.42）	−0.1611 （−0.89）
Tax	−0.0122 （−0.61）	0.0098 （0.57）		
个体效应	控制	控制	控制	控制
年份效应	控制	控制	控制	控制
N	6814	8702	170	106
$adj.R^2$	0.242	0.235	0.829	0.287

注：括号中数据是调整了异方差和公司层面的聚类效应的*t*统计量。***、**、*分别表示参数的估计值在1%、5%、10%的统计水平上显著。

5.8 稳健性检验

5.8.1 解决内生性问题：企业投融资期限错配程度与其回租借款倾向的反向因果关系

企业的投融资期限错配程度与其回租借款倾向之间可能存在一定的内生性问题。一方面，投融资期限错配程度越严重的企业，可能越倾向于以回租借款来补充长期资金；另一方面，企业在获得售后回租的长期资金后，其期限错配程度也会发生改变。这一问题体现在模型（5.1）中，即企业的投融资期限匹配程度（*Term_matching*）和回租借款倾向（*SLB_dummy*）之间的内生性问题，本书尝试采用两阶段最小二乘法来解决上述问题。本书将企业所在行业前一年投融资期限匹配程度的均值作为企业投融资期限匹配程度的工具变量，将该工具变量记为*Term_matching_IV*。由于各企业的投融资期限匹配情况会呈现一定的行业特征，因此企业的投融资期限匹配程度会与其所在行业的投融资期限匹配程度的均值呈现正相关。各行业的投融资期限匹配程度的均值很难对企业的回租借款倾向产生影响，因此该工具变量能够解决企业的投融资期限匹配程度与其回租借款倾向之间的反向因果问题。两阶段最小二乘法的回归结果如表5.9所示。第（1）列为第一阶段的回归结果，可见工具变量*Term_matching_IV*对内生变量*Term_matching*具有较好的解释力，其系数在1%的水平上显著。第（2）列为第二阶段的回归结果，*Kleibergen–Paap rk Wald F*值表明，不存在弱工具变量问题，而*DWH*统计量在10%的水平上显著，说明可以认为*Term_matching*为内生变量；第（2）列中*Term_matching*的系数依然在1%的水平上显著为负，这说明企业投融资期限匹配程度与售后回租哑变量的负向关系比较稳健。

表5.9　将*Term_matching_IV*作为工具变量的两阶段最小二乘回归结果

变量	(1)	(2)
	1st-stage	2st-stage
Term_matching_IV	0.6385*** 9.94	
Term_matching		−0.0160*** −3.39
控制变量	是	是
年份效应	控制	控制
行业效应	控制	控制
N	15516	15516
R^2	0.389	0.050
Kleibergen-Paap rk Wald F		98.789***
DWH p 值		0.0862*

注：括号中数据是调整了异方差和公司层面的聚类效应的*t*统计量。***、*分别表示参数的估计值在1%、10%的统计水平上显著。

5.8.2　替换解释变量：改变回租借款的衡量指标

本章替换了回租借款的衡量指标，用售后回租比率（企业售后回租融资额/期初总营业收入）来衡量企业的回租借款，将售后回租比率记为*SLB_ratio*。改变了回租借款的衡量方式后，模型（5.1）的回归结果见表5.10的第（1）列。此外，考虑售后回租比率这一指标为大于0的有界值，具有归并数据（censored data）的特点，因此本章采用Tobit 模型进行回归分析，回归结果见表5.10的第（2）列。在第（1）列的结果中，投融资期限匹配程度的系数为负，且*t*值比较接近显著水平。在第（2）列的结果中，投融资期限匹配程度的系数在1%的显著性水平上为负。此外，本书使用售后回租比率替换售后回租亚变量，对模型（5.4）进行回归，结果见表5.11。从表5.11的第（3）列可见，短期贷款与售后回租比率的交乘项在1%的水平上显著为正。表5.10和表

5.11的结果证实了表5.4和表5.5结果的稳健性。

表5.10　替换回租借款的衡量方式后模型（5.1）的回归结果

变量	（1）	（2）
Term_matching	–0.0001 （–1.43）	–0.0110*** （–3.18）
Ln（*asset*）	0.0014*** （3.03）	0.0161*** （5.62）
Cash_flow	–0.0009 （–0.55）	–0.1216*** （–3.56）
Cash_holding	0.0001 （0.08）	–0.0063 （–0.23）
Leverage	0.0042*** （2.96）	0.1335*** （8.70）
Tobin_q	–0.0001 （–0.91）	–0.0053*** （–2.73）
Tax	0.0007 （0.75）	0.0236** （2.00）
SOE		–0.0189*** （–2.74）
个体效应	控制	
年份效应	控制	
行业效应		控制
N	15516	15516
adj.R^2	0.198	
pseudo R^2		0.340

注：括号中数据是调整了异方差和公司层面的聚类效应的*t*统计量。***、**分别表示参数的估计值在1%、5%的统计水平上显著。

表5.11　替换回租借款的衡量方式后模型（5.4）的回归结果

变量	（1）	（2）	（3）
Short-term_loan	0.1713*** （16.91）	0.1706*** （17.01）	0.1638*** （16.36）

续表

变量	(1)	(2)	(3)
SLB_ratio		0.1480** (2.47)	0.0743 (1.36)
Short-term_loan×*SLB_ratio*			1.8756*** (2.93)
Cash_flow	0.0972*** (10.24)	0.0975*** (10.30)	0.0969*** (10.29)
Ln (*asset*)	−0.0078*** (−3.79)	−0.0080*** (−3.93)	−0.0080*** (−3.90)
Tobin_q	0.0039*** (6.78)	0.0039*** (6.82)	0.0038*** (6.76)
Leverage	−0.0417*** (−5.90)	−0.0425*** (−6.04)	−0.0431*** (−6.18)
个体效应	控制	控制	控制
年份效应	控制	控制	控制
N	15516	15516	15516
$adj.R^2$	0.446	0.447	0.448

注：括号中数据是调整了异方差和公司层面的聚类效应的*t*统计量。***、**分别表示参数的估计值在1%、5%的统计水平上显著。

5.8.3　替换被解释变量：考察企业在回租借款前后资金缺口的变化

在研究企业投融资期限错配问题时，很多文献都采用Frank和Goyal（2003）提出的资金缺口（Fiianncing Deficit）来衡量企业的"短贷长投"程度。本书使用资金缺口来替换模型（5.5）中的投融资期限匹配程度（*Term_matching*）来考察企业在以售后回租方式借款前后"短贷长投"程度的变化，以此来证实表5.6结果的稳健性。借鉴Frank和Goyal（2003）、钟凯等（2016）构建资金缺口的做法，本书用"固定资产等投资活动现金支出-（长期借款本期增加额+本期权益增加额+经营活动现金净流量+出售固定资产现金流入）"

来衡量企业的资金缺口，并用该资金缺口对上期总资产的比率作为衡量企业“短贷长投”程度的指标，记为*SFLI*。该指标越大，说明企业的“短贷长投”行为越严重；反之，该指标越小，说明企业的“短贷长投”行为越不严重。

当使用*SFLI*作为被解释变量时，模型（5.5）的回归结果如表5.12所示。第（1）列中只加入售后回租有效期作为解释变量，售后回租有效期的系数为负，且*t*值较大，为–1.48。第（2）列中加入其他控制变量，售后回租有效期的系数依然为负，且*t*值为–1.62，已经非常接近在10%的水平上显著。这说明企业在以售后回租方式借款后，其资金缺口有所缩小，即“短贷长投”程度有所降低，这证实了表5.6结果的稳健性。

表5.12　企业以售后回租方式借款前后资金缺口的变化

变量	（1）	（2）
Post_SLB	–0.1056 （–1.48）	–0.1234 （–1.62）
Ln（*asset*）		0.1533*** （2.80）
Leverage		–0.2505 （–0.99）
Tobin_q		–0.0337 （–1.66）
Cash_flow		–0.2040 （–0.89）
个体效应	控制	控制
年份效应	控制	控制
N	246	246
$adj.R^2$	0.112	0.190

注：括号中数据是调整了异方差和公司层面的聚类效应的*t*统计量。***表示参数的估计值在1%的统计水平上显著。

5.9　本章小结

本章基于缓解投融资期限错配的视角，探究了承租人以售后回租方式借款的动机和结果。基于对中国企业投融资现状的观察，本章发现了企业的投融资期限错配与其回租借款的关联。因此本章在投融资期限匹配的理论框架下，结合中国企业“短贷长投”的特征阐述了二者的逻辑关系：企业通过售后回租方式获得长期借款，以此来降低投融资期限错配程度。随后，本章通过实证研究证实了企业以售后回租方式借款来缓解投融资期限错配的动机。具体地，本章得出以下结论：

第一，企业的投融资期限错配程度越高，其越倾向于以售后回租方式借款。从经济意义上来看，企业的投融资期限错配程度每增加1个标准差，企业以售后回租方式借款的概率平均增加0.09~0.12个百分点，相当于均值预测概率的50%~58%。

第二，以售后回租方式借款的企业，其“短贷长投”行为更加严重。具体地，本章发现，以售后回租方式借款的企业，其“投资—短期贷款”的敏感度更高，即其“短贷长投”的行为更加严重。

第三，企业在以售后回租方式借款后，其投融资期限错配程度得到缓解。从经济意义来看，企业在获得售后回租资金后，其投融资期限匹配程度将增加1.0782，相对于投融资期限匹配程度的均值而言，提高了近50%。

第四，企业在以售后回租方式借款后，其投融资期限错配对业绩造成的负面影响有所降低。具体地，企业的投融资期限错配对其业绩造成负面影响，但售后回租削弱了这种负面影响。

第五，与民营企业相比，国有企业以回租借款来缓解投融资期限错配的动机更加强烈，并且售后回租对国有企业的投融资期限错配起到更好的缓解作用。这可能和两个方面的因素有关：一方面，国有企业的投融资期限错配现象更严重，因此通过售后回租来获取长期资金的动机更强；另一方面，国有企业和民营企业对资金成本的容忍度不同。售后回租的融资成本决定了国有企业的融资动机更有可能是缓解投融资期限错配，而民营企业的融资动机更有可能是获取日常使用的流动资金。

综上，本章发现的承租人以售后回租方式借款的动机和结果可以表述为：企业以售后回租方式借款来缓解投融资期限错配，这种行为的结果是企业的投融资期限错配程度得到缓解，且期限错配对业绩造成的负面影响有所降低。可见，售后回租交易对中国的长期融资体系起到补充和改善作用，这是售后回租在经济中起到的积极作用。

本章的研究结论对政府部门和金融监管机构具有一定的启示意义。首先，中国需要提高长期融资市场的完善程度，提高银行业效率，发展债券市场和股票市场。只有构建完善高效的长期融资体系，中国企业的投融资期限错配才能得到根本性缓解。因此，政府部门应当推进银行业改革，提高债券市场和股票市场的融资能力。其次，金融监管机构应当从可持续的长远视角来看待租赁公司的售后回租业务。尽管售后回租业务起到补充长期融资体系的作用，但这偏离了融资租赁交易的本质特征。售后回租发挥的这种功能，更应该由银行、债券市场和股票市场来满足。企业的投融资期限错配行为本身是一种效率的扭曲，不满足本质特征的售后回租交易也是一种效率的扭曲，用扭曲来解决扭曲，绝不是长久之计。反而这类售后回租交易的盛行会阻碍中国融资租赁市场的健康发展。因此，从增强租赁行业竞争力的角度考虑，金融监管部门应当限制租赁公司的此类售后回租交易，号召融资租赁业回归本源。

第6章　承租人以售后回租方式借款的结果
——基于债务治理效应的视角

以对中国融资租赁业的现实观察为依托，本书第4章和第5章分别基于规避去产能政策的视角和缓解投融资期限错配的视角探讨了承租人以售后回租方式借款的动机和结果。除了这两个研究视角外，承租人的回租借款行为还可能从债务治理效应的角度给承租人带来影响。债务治理效应是指债权人为了保障债务的安全和自身的利益，通过与企业签订债务契约，利用债务契约赋予的权利，对企业的经营者进行监督控制和激励约束，从而影响企业的治理效率和整体价值（王满四，2006）。由于售后回租的本质是一种对承租人具有约束作用的负债，并且租赁公司也会在一定程度上对承租人的经营进行监督，所以售后回租有可能会影响承租人的代理成本和企业价值，进而产生治理效应。本章从债务治理效应的视角分析承租人以售后回租方式借款的结果，在分析治理效应时采用“售后回租—代理成本—企业价值”这一思路，即首先分析售后回租对代理成本的影响，再分析售后回租对企业价值的影响。具体地，本章尝试回答的基本问题是：在脱离本源的现象下，中国的售后回租交易对承租人形成哪些治理效应？其对国有企业和民营企业的债务治理效应是否存在差别？

6.1 债务治理效应文献综述及述评

6.1.1 债务治理效应领域文献综述

在债务治理效应领域，现有文献构建了比较完善的理论框架。具体而言，债务产生正面治理效应的原因包括以下三个方面：

第一，债务能够对借款企业的经理人产生激励约束作用。对借款企业而言，债务是一种硬性还款约束，这会减少经理人手中的自由现金流，降低经理人的无效投资。另外，债务能激励经理人更加努力地工作，从而降低经理人的代理成本，增加借款企业的价值（Jensen，1976）。

第二，债务能够对借款企业的经理人产生控制权转移的威胁。在企业正常经营的状态下，经理人掌握着对企业的控制权。但当企业资不抵债面临破产清算时，企业的控制权就要转移到债权人手里。一旦债权人掌握了企业的控制权，经理人就可能被解雇导致失业。因此，为了避免发生控制权转移，经理人就会努力工作，从而让企业产生足够的收益来偿还债务（Stutz，1990；Israel，1991；Aghion and Bolton，1992）。

第三，债权人参与借款企业的治理能够形成监督效应。Diamond（1984）从信息不对称的角度指出，与债券相比，银行贷款能够对借款企业的经理人形成更有效的监督，其原因是银行能够以更低的成本获取和处理借款人的私有信息。因此，在银行和企业的日常接触中，银行可以利用其获取的私有信息来对企业形成“大贷款人监督”的作用。

在实证方面，国外文献普遍证实了债务的正面治理效应（Ranjan and Mercedes，2010；Ronald and Kjell，2011）。然而，有关债务对中国企业的治理效应的实证研究，并没有得到一致性结论。一些研究显示，债务对中国企业具有正面的治理效应。比如，汪辉（2003）发现，总体上，债务能够加强企业治理和增加企业价值，并且具有传递企业业绩的信号作用。黄乾富、沈红波（2009）利用1997—2004年中国制造业上市公司的数据，研究了债务对现金流过度投资的治理效应。他们的研究结果表明，债务对过度投资能够形成较强的约束能力。不同类型的债务的治理产生的效应不同。商业信用对过度投资的约束能力较强，银行贷款对过度投资的约束能力较弱，其原因是政府干预降低了银行贷款的约束能力。沈红波等（2013）发现，银行贷款能够降低自由现金流量的代理成本，且短期贷款的监督作用更强，但政府干预会削弱银行贷款的监督作用。另外一些研究显示，在中国，债务治理效应被扭曲，债务对企业产生负面的治理效应。比如，于东智（2003）从企业绩效的角度研究了债务治理效应并提出改善债务治理效应的相关建议。他的研究结果表明，在中国，债务没有发挥有效的治理效应。为了提高债务治理效应的有效性，相关部门应当加强债权主体的独立性，对国有银行进行公司化改造，对债权人行权的制度环境进行完善等。田利辉（2005）指出，债务并没有提高中国企业的治理水平，反而增加了经理人的代理成本。进一步地，债务对国有企业造成负面的治理效应，但对民营企业并没有形成显著的治理效应。他认为“预算软约束”问题是扭曲债务治理效应的主要原因。李世辉、雷新途（2008）以2004—2006年102家中小上市公司为样本，研究了债务对代理成本和财务绩效的影响。他们的研究结果表明，债务显著抑制了中小上市公司的显性代理成本，但却没有对隐性代理成本形成抑制作用，并且债务对代理成本的抑制作用与债务期限有关。蔡吉甫（2009）研究了负债对上市公司过度投资的控制效应。他的研究结果表明，中国上市公司存在普遍的过度投资问题，然而银行贷款不但没有对过度投资形成控制效应，反而在一定程度上加剧了过度投资问题。郭泽光等（2015）发现，债务对中国上市公司的治理效应产生严重扭曲，债务融资并没有发挥正面的治理效应，并且内部控制对债务治理效应的影响非常有限。除了上述直接分析债务治理效应的文献外，还有一些文献探讨了金融业基础设施等宏观制度环境对债务治理效应的影响。比如，谢德仁、张高菊（2007，2009）研究了金融生态环境对负债治理效应的影响。他们的研究结果表明，金融生态环境的改善可以提高负债的治理效应，但政府对国有企业的“父爱效应”会削弱这种治理效应的作用。

6.1.2 文献述评及本章的创新点

与现有文献相比，本章是对“融资租赁与售后回租的研究”及“债务治理效应”这两个领域的丰富和补充。一方面，在“融资租赁与售后回租的研究”领域，现有文献大多数从融资约束、财富效应等角度分析了租赁对承租人的影响。本书以中国企业为研究对象，从债务治理效应的视角探讨了售后回租对企业的代理成本和企业价值的影响，这补充了“租赁对承租人的影响和结果”的相关研究。另一方面，在“债务治理效应”研究领域，大部分文献都关注了银行贷款的治理效应（黄乾富、沈红波，2009；沈红波等，2013；蔡吉甫，2009），鲜少有文献关注融资租赁的治理效应。本章分析了售后回租交易产生治理效应的理论机制，这丰富了对债务治理效应的机制解读。另外，本章结合中国的实际背景，从实证上探讨了脱离本源现象下售后回租对承租人的治理效应，这对中国租赁公司的经营管理具有参考价值。本章的6.6部分从租赁物登记查询系统的角度探讨了提高售后回租交易对民营企业的治理效应的影响途径。因为租赁物登记查询系统属于金融业的基础设施，所以本章以融资租赁为例扩充了有关“制度环境对债务治理效应的影响”的研究。

6.2　理论分析

为了分析脱离本源现象下售后回租对承租人的治理效应，本部分首先分析“满足本质特征的售后回租交易”产生治理效应的理论机制；其次分析脱离本源现象对售后回租治理效应的削弱作用；最后考虑“预算软约束”问题对不同产权性质的企业的债务治理效应产生的巨大影响，分析“预算软约束”问题对售后回租治理效应的影响。

6.2.1　“满足本质特征的售后回租交易”产生治理效应的理论机制

中国的绝大多数售后回租交易都是为承租人提供纯粹的资金融通，没有体现融资租赁交易的本质特征。不过，这不代表所有的售后回租交易都不满足融资租赁交易的本质特征。比如，本书1.6.2部分指出，中国一些航空公司为了降低采购成本而采取的售后回租业务就满足融资租赁交易的本质特征。“满足本质特征的售后回租交易”作为设备使用企业和设备制造厂商之间的金融媒介，为承租人引进新设备。在这类售后回租交易中，租赁物能够对租赁公司起到风险保障作用。本部分详细分析这种“满足本质特征的售后回租交易”产生治理效应的理论机制。

作为一种债务融资工具，售后回租在治理效应方面和贷款等其他债务形式方面拥有很多共同的机制。比如，售后回租要求企业按时偿还租金，这会减少经理人手中的自由现金流，进而降低代理成本。此外，售后回租有着不同于其他债务工具的独特机制对治理效应产生影响，这主要体现在租赁公司的债务追索机制、日常监督机制和资金用途机制三个方面。

第一，债务追索机制。在售后回租交易中，租赁公司是租赁物的所有权人。如果企业拖欠租金形成违约，租赁公司可以行使所有权人的权利直接取走租赁物。售后回租的租赁物往往是生产设备等核心资产，一旦被取走，企业就会被迫停产，经理人也会因此遭受利益损失。因此，租赁公司能够在企业违约后立即对其实施有力的惩罚，这一债务追索机制会增加企业的违约成本，进而对经理人形成约束效应。为了掌握住租赁物的使用权，经理人会认真工作，让企业产生足够的收益来偿还租金。相比之下，银行等其他债权人就不具备时效性如此强的债务追索手段。以和售后回租形式最相近的抵押贷款为例：如果企业对银行的抵押贷款形成违约，作为抵押权人的银行并不能自主处置抵押物，而是需要和企业进行协商；如果协商无法达成一致性意见，银行就需要借助司法诉讼的手段来维护自身权益。面对复杂的处置流程和较高的司法成本，银行最终更可能放弃处置抵押物，并给予企业债务宽限或者接受债务打折。因此，与其他类型的债权人相比，租赁公司拥有更强的债务追索能力。对承租人的经理人而言，租赁公司的债务追索能力是一种更强的威胁和制约，促使其降低代理成本。

第二，日常监督机制。租赁公司在租期内会对承租人进行定期的实地回访，这会对经理人形成监督效应。对租赁公司而言，租赁物是一种重要的风险保障机制。承租人违约或破产后，租赁公司可以通过处置租赁物来获得债权的偿付。因此，租赁物的安全性（指是否被承租人恶意处置）和价值变化会直接影响租赁公司的风险敞口。为了获知租赁物的最新信息，租赁公司会定期回访承租人，检查租赁物的运行状态，对租赁物的残值进行估计等。在回访过程中，租赁公司会对企业的经营状况进行实地考察，这有助于租赁公司及时了解企业经营的真实信息，进而对经理人形成监督效应。相比之下，银行等其他债权人进行实地回访的动力较弱。比如，银行主要通过审理财务报告和监控资金账户等手段对承租企业进行贷后管理，其进行实地回访的频率和细致程度都要弱于租赁公司。因此，与其他类型的债权人相比，租赁公司拥有更强的日常监督能力，这有助于减少承租人的经理人损害公司价值的行为，进而降低代理成本。

第三，资金用途机制。售后回租是一种中长期的融资形式，租期一般在3~5年。但售后回租并不限制企业的资金用途，这相当于给予经理层一笔可以自由支配的中长期现金流，增加了经理层滥用现金的可能性。相比之下，对于长期银行贷款，银行会限制企业的资金用途并进行后续调查和询问，从而保证企业的资金利用效率。因此，与同为长期融资方式的贷款相比，售后回租没有对经理人如何利用资金形成直接约束，这可能会增加经理人的代理成本。

从以上分析可见，售后回租有着不同于贷款等其他债务工具的独特机制会影响治理效应。债务追索机制和日常监督机制会对企业产生正面的治理效应，而资金用途机制则会对企业产生负面的治理效应。

图6.1展示了售后回租产生治理效应的独特机制。

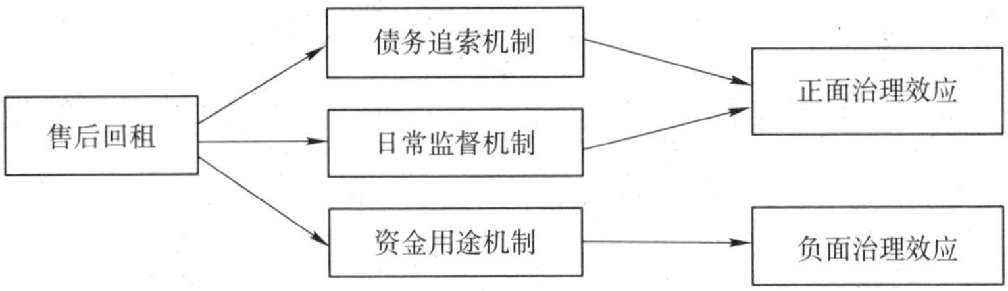

图6.1　售后回租产生治理效应的独特机制

6.2.2　脱离本源现象对售后回租治理效应的削弱作用

在脱离本源的现象下，租赁物只是为了满足售后回租的交易结构而存在的“形式要件”，无法起到风险保障作用。因为租赁公司在交易之初就没有将租赁物作为风险保障机制，所以很多租赁物都是旧资产和不动产，取回难度高且处置价值低，这会极大地削弱租赁公司对租赁物的重视程度，进而降低债务追索机制和日常监督机制的有效性。一方面，由于很多售后回租交易中的租赁物为不动产，在承租人违约后，租赁公司难以取走租赁物，这使得租赁公司难以对承租人实施有效惩戒，降低了租赁公司的债务追索能力。另一方面，由于租赁公司没有将租赁物视作风险保障机制，而是将承租人的信用资质、抵押、担保等作为风控要件，所以租赁公司也就没有动力对承租人进行定期回访。实际上，中国许多租赁公司的租后管理流于形式，其对承租人进行实地访查的频率较低，且访查过程较粗糙，对承租人形成的监督效应非常有限。

所以，在脱离本源的现象下，租赁公司的债务追索能力下降，对承租人进行实地回访的动力也会相应减弱，这降低了债务追索机制和日常监督机制的有效性，进而削弱了售后回租的治理效应。

6.2.3 “预算软约束”问题对售后回租治理效应的影响

在中国，一种债务工具的实际治理效应如何，还取决于“预算软约束”问题的影响，即政府干预对治理效应产生的扭曲。本书中的“预算软约束”指Kornai（1979，1980）提出的狭义定义，即政府持续救助入不敷出的企业。由于有政府的救助，企业不存在破产威胁，进而预算约束变软。有关贷款的债务治理效应的文献指出，“预算软约束”是扭曲贷款的债务治理效应的重要原因（田利辉，2005；沈红波等，2013；郭泽光等，2015）。不过，售后回租交易的治理效应是否受“预算软约束”问题的影响还需要进行具体分析。

“预算软约束”问题在中国的一个主要体现是国有企业和民营企业的差别待遇。国有企业偿还债务出现问题时，一方面，政府会给予企业财务援助，弥补资金缺口；另一方面，政府对企业的债权人进行干预，使债权人放弃预算硬约束下对企业的惩戒，并用政府信用为企业进行某种形式的背书。因此，债务并不会对国有企业形成有力的硬性约束，而是体现为一种“软约束”。相比之下，民营企业需要自负盈亏。民营企业偿还债务出现问题时，要自己承担损失。除了少量成为地方经济支柱的大型民营企业外，政府对绝大部分民营企业实施援助或干预其债权人的可能性很小。因此，债务的硬性约束作用对民营企业是成立的。可见，“预算软约束”问题的根源在于政府干预等体制性因素，租赁公司同样受到这一问题的影响，导致售后回租交易对国企承租人和民企承租人的债务约束作用存在差异。具体地，当国企承租人违约时，租赁公司不会强制取回租赁物，而是给予承租人债务宽限；但民营企业违约时，租赁公司就会行使债权人取回租赁物的权利。一些业界案例对其进行了证实。

从以上分析可见，在“预算软约束”问题的影响下，售后回租交易对国有企业和民营企业形成的债务约束存在明显的差异。对于国有企业，在政府的各种保护机制下，售后回租交易的债务约束变软；对于民营企业，售后回租交易依然是一种硬性债务约束。

6.3　研究假设

根据本章提出的“售后回租—治理效应—企业价值”研究框架，结合6.2部分的理论分析，本部分从两个方面提出假设。一方面，探讨过去十年的售后回租交易对承租人代理成本的影响。另一方面，探讨过去十年的售后回租交易对承租人企业价值的影响。

在“预算软约束”问题的背景下，售后回租交易对国企承租人和民企承租人的代理成本产生不同的影响。对于国有企业，在政府“父爱主义”干预下，售后回租交易无法对其起到硬性债务约束的作用，租赁公司的债务追索机制失效。而在政府信用的隐性担保下，租赁公司也没有动力对国有企业进行日常监督。所以，对于国有企业，售后回租交易的债务追索机制和日常监督机制的有效性进一步降低。售后回租交易可能对国有企业产生负面的治理效应，其原因是国有企业的经理人在获得售后回租的资金后，手中可以使用的自由现金流增加。售后回租交易不限制资金用途的特征进一步增加了经理人滥用现金的可能性，进而经理人的代理成本可能随之增加。对于民营企业，售后回租的治理效应如何并不确定，这取决于其正面效应和负面效应相抗衡的综合结果。一方面，绝大部分民营企业按照市场化规则进行自主经营，售后回租对其能够起到硬性债务约束的作用。尽管中国绝大部分售后回租交易存在脱离本源的现象，导致债务追索机制和日常监督机制的有效性降低，但和其他债务形式相比，这两个机制依然能为售后回租带来一定的正面治理效应。另一方面，售后回租不限制资金用途的特征也会增加民营企业的代理成本，导致负面的治理效应。所以，如果售后回租的正面治理效应超过负面治理效应，那么售后回租可以降低民营企业的代理成本，反之则会增加代理成本。受“预算软约束”问题的影响，对于国有企业，政府干预对售后回租的治理效应的扭曲更大，所以售后回租对国有企业的代理成本会产生更为负面的影响。基于此，本书提出假设6.1（a）、假设6.1（b）和假设6.1（c）。

假设6.1（a）：对于国有企业，售后回租增加了其代理成本。

假设6.1（b）：对于民营企业，售后回租增加（降低）了其代理成本。

假设6.1（c）：售后回租对代理成本的影响与企业的产权性质相关，售后回租会对国有企业的代理成本产生更为负面的影响。

在完美的资本市场中，资本结构和融资方式不会影响企业价值（Modigliani and Miller，1958）。所以在完美市场中，售后回租作为一种融资方式，并不会对企业价值产生影响。但考虑代理成本后，售后回租由于能够影响代理成本，就会对企业价值产生影响。具体地，对于国有企业，售后回租增加了经理人的代理成本，即增加了经理人损害企业价值行为的可能性，进而可能降低公司价值。对于民营企业，售后回租对企业价值的影响不确定。如果售后回租降低了经理人的代理成本，即扼制了经理人损害企业价值的行为，那么企业的价值会增加；反之，如果售后回租增加了经理人的代理成本，企业的价值会下降。受“预算软约束”问题的影响，对于国有企业，政府干预对售后回租的治理效应的扭曲更大，所以售后回租对国有企业的价值会产生更为负面的影响。基于此，本书提出假设6.2（a）、假设6.2（b）和假设6.2（c）。

假设6.2（a）：对于国有企业，售后回租降低了其企业价值。

假设6.2（b）：对于民营企业，售后回租降低（增加）了其企业价值。

假设6.2（c）：售后回租对企业价值的影响与企业的产权性质相关，售后回租对国有企业的价值会产生更为负面的影响。

6.4　研究设计

针对假设6.1（a）和假设6.1（b），本书设计了模型（6.1）。

$$Agency\_Cost_{i,t}=\alpha_0+\alpha_1 SLB\_dummy_{i,t}+\sum_k \alpha_k Control_{i,t-1}+FirmFE+YearFE+\mu_{i,t} \tag{6.1}$$

模型（6.1）中，被解释变量*Agenc_Cost*为经理人的代理成本，借鉴姜付秀（2009）等、沈红波等（2018）的研究，本书选择了两个指标进行衡量。第一个指标是总资产周转率（*Turnover*），为营业收入对平均总资产的比率。该指标可以从产出的角度来度量经理人因无效率经营或偷懒行为而产生的代理成本，总资产周转率越低，代理成本越高。第二个指标是管理销售费用（*Expense*），为管理费用与销售费用之和对营业收入的比率。该指标可以从支出的角度来度量经理人因在职消费、不当开支而产生的代理成本，管理销售费用越高，代理成本越高。主要解释变量是售后回租哑变量（*SLB_dummy*）。如果企业当年通过售后回租来获取资金，则取值为1，否则取值为0。模型（6.1）中采用售后回租哑变量当期值的原因是，绝大部分企业获得售后回租的资金后，会在当期就投入使用，因此售后回租对企业代理成本的影响在当期最显著。另外，企业通过售后回租获取的融资额普遍很低，而企业按期偿还租金后其可使用的剩余资金相应减少，这会进一步弱化售后回租对企业未来几期代理成本的影响。因此，本章采用售后回租哑变量的当期值体现售后回租对代理成本的影响。在稳健性检验部分，本章采用倾向得分匹配法进行配对分析来缓解售后回租和代理成本之间可能存在的内生性问题。此外，模型（6.1）还将企业资产规模、企业成长性和杠杆率作为控制变量。为了验证假设6.1（a）和假设6.1（b），模型（6.1）分别对国有企业样本和民营企业样本进行回归。根据假设6.1（a）和假设6.1（b）的预测，当被解释变量为总资产周转率时，国企样本的售后回租哑变量的系数应显著为负，民企样本的售后回租哑变量的系数则不确定；当被解释变量为管理销售费用时，国企样本的售后回租哑变量的系数应显著为正，民企样本的售后回租哑变量的系数同样不确定。

针对假设6.1（c），本书设计了模型（6.2）。

$$Agency\_Cost_{i,t}=\beta_0+\beta_1 SLB\_dummy_{i,t}+\beta_2 SOE_{i,t}\times SLB\_dummy_{i,t}+\sum_k \beta_k Control_{i,t-1}+FirmFE+YearFE+\gamma_{i,t} \tag{6.2}$$

模型（6.2）中的*SOE*表示企业的产权性质，国有企业的*SOE*取值为1，民营企业的*SOE*取值为0，其他变量的含义和度量方式和模型（6.1）一致。模型（6.2）中的主要解释变量为售后回租哑变量和产权性质的交乘项（*SLB_dummy*×*SOE*）。此处用全部样本对模型（6.2）进行回归，如果假设6.1（c）成立，当被解释变量为总资产周转率时，交乘项的系数应显著为负；当被解释变量为管理销售费用时，交乘项的系数应显著为正。

针对假设6.2（a）和假设6.2（b），本书设计了模型（6.3）。

$$ROA_{i,t}=\delta_0+\delta_1 SLB\_dummy_{i,t}+\sum_k \delta_k Control_{i,t-1}+FirmFE+YearFE+\kappa_{i,t} \quad (6.3)$$

借鉴张耀伟（2009）、顾乃康和陈辉（2010）等的研究，本书用总资产收益率（*ROA*）来衡量企业价值。模型（6.3）中其他变量的含义和模型（6.1）一致，主要解释变量为售后回租哑变量（*SLB_dummy*）。分别将模型（6.3）对国企样本和民企样本进行回归，如果假设6.2（a）和假设6.2（b）成立，国企样本的售后回租哑变量的系数应显著为负，民企样本的售后回租哑变量的系数则不确定。

针对假设6.2（c），本书设计了模型（6.4）。

$$ROA_{i,t}=\phi_0+\phi_1 SLB\_dummy_{i,t}+\phi_2 SOE_{i,t}\times SLB\_dummy_{i,t}+\sum_k \phi_k Control_{i,t-1}+FirmFE+YearFE+\nu_{i,t} \quad (6.4)$$

模型（6.4）中的主要解释变量为售后回租哑变量和产权性质的交乘项（*SLB_dummy*×*SOE*），其他变量的含义和前面的模型一致。用全部样本对模型（6.4）进行回归，如果假设6.2（c）成立，那么交乘项的系数应显著为负。

表6.1汇总了模型（6.1）至模型（6.4）中各变量的名称和定义。

表6.1　模型（6.1）至模型（6.4）中各变量的名称和定义

变量代码	变量名称	变量定义
SLB_dummy	售后回租哑变量	若企业当年以售后回租方式获取资金，则取值为1，否则取值为0
Turnover	总资产周转率	营业总收入 ÷ 平均总资产
Expense	管理销售费用	（管理费用 + 销售费用）÷ 营业总收入
ROA	总资产收益率	净利润 ÷ 平均总资产
Ln（*asset*）	资产规模	总资产取对数
Leverage	负债	总负债 ÷ 总资产
Tobin_q	托宾 *Q*	市值 ÷（资产总额 – 无形资产净额 – 商誉净额）
SOE	产权性质	国有企业取值为1，民营企业取值为0

6.5 研究结果

6.5.1 描述性统计

表6.2汇总了模型（6.1）至模型（6.4）中各变量的描述性统计结果。

表6.2 模型（6.1）至模型（6.4）中各变量的描述性统计

变量	平均值	标准差	最小值	中位数	最大值
SLB_dummy	0.045	0.206	0	0	1
Turnover	0.709	0.503	0.053	0.588	2.870
Expense	0.163	0.134	0.015	0.128	0.810
ROA	0.039	0.061	–0.200	0.035	0.229
Ln（*asset*）	21.770	1.192	19.290	21.640	25.330
Leverage	0.462	0.221	0.047	0.464	1.024
Tobin_q	2.332	2.146	0.230	1.689	12.490
SOE	0.439	0.496	0	0	1

6.5.2 售后回租对承租人代理成本的影响

表6.3汇总了模型（6.1）和模型（6.2）的回归结果。第（1）列至第（3）列的被解释变量为总资产周转率，第（1）列和第（2）列分别为国企样本和民企样本对模型（6.1）的回归结果，第（3）列为全部样本对模型（6.2）的回归结果。从表6.3可见，对于国企样本，售后回租哑变量的系数在1%的显著性水平上为负；对于民企样本，售后回租哑变量的系数为正，但不显著。对于全部样本，售后回租哑变量与产权性质的交乘项的系数在5%的显著性水平上为负。这些结果可以初步解读为：售后回租降低了国有企业的总资产周转率，对民营企业的总资产周转率却没有产生显著影响。与民营企业相比，售后回租对国有企业的总资产周转率产生更加负面的影响。

表6.3的第（4）列至第（6）列的被解释变量为管理销售费用，第（4）列和第（5）列分别为国企样本和民企样本对模型（6.1）的回归结果，第（6）列为全部样本对模型（6.2）的回归结果。从表6.3可见，对于国企样本，售后回租哑变量的系数为负，但不显著；对于民企样本，售后回租哑变量的系数为负，并且t值较高，已经非常接近在10%的水平上显著。对于全部样本，售后回租哑变量与产权性质的交乘项的系数为正，但不显著。这些结果可以初步解读为：无论对国有企业还是对民营企业，售后回租都没有对管理销售费用产生显著的影响。

表6.3　售后回租对承租人代理成本的影响

变量	*Turnover*			*Expense*		
	国企样本	民企样本	全部样本	国企样本	民企样本	全部样本
	（1）	（2）	（3）	（4）	（5）	（6）
SLB_dummy	−0.0447*** （−2.69）	0.0095 （0.60）	0.0157 （0.97）	−0.0021 （−0.71）	−0.0099 （−1.64）	−0.0112* （−1.89）
SLB_dummy×*SOE*			−0.0605** （−2.45）			0.0060 （0.77）
Ln（*asset*）	−0.1185*** （−4.57）	−0.0817*** （−5.50）	−0.0799*** （−6.03）	−0.0194*** （−4.33）	−0.0287*** （−4.54）	−0.0291*** （−6.82）
Tobin_q	0.0096* （1.73）	0.0186*** （4.60）	0.0163*** （4.93）	0.0004 （0.22）	−0.0009 （−0.63）	−0.0000 （−0.00）
Leverage	0.1208* （1.70）	0.1761*** （3.68）	0.1292*** （2.89）	0.0150 （0.77）	−0.0296 （−1.36）	0.0015 （0.10）
个体效应	控制	控制	控制	控制	控制	控制
年份效应	控制	控制	控制	控制	控制	控制
N	6777	8668	15445	6777	8668	15445
$adj.R^2$	0.836	0.825	0.823	0.730	0.732	0.727

注：括号中数据是调整了异方差和公司层面的聚类效应的t统计量。***、**、*分别表示参数的估计值在1%、5%、10%的统计水平上显著。

6.5.3　售后回租对承租人企业价值的影响

表6.4汇总了模型（6.3）和模型（6.4）的回归结果。第（1）列和第（2）

列分别为国企样本和民企样本对模型（6.3）的回归结果，第（3）列为全部样本对模型（6.4）的回归结果。从表6.4可见，对于国企样本，售后回租哑变量的系数在5%的显著性水平上为负；对于民企样本，售后回租哑变量的系数为正，但不显著。对于全部样本，售后回租哑变量与产权性质的交乘项的系数在1%的显著性水平上为负。这些结果可以初步解读为：售后回租降低了国有企业的价值，对民营企业的价值却没有产生显著影响，但与民营企业相比，售后回租对国有企业的价值产生更加负面的影响。

表6.4　售后回租对承租人企业价值的影响

变量	（1）	（2）	（3）
	国企样本	民企样本	全部样本
SLB_dummy	−0.0060** （−1.97）	0.0043 （1.13）	0.0057 （1.52）
SLB_dummy×*SOE*			−0.0127*** （−2.61）
Ln（*asset*）	−0.0082*** （−2.95）	−0.0075** （−2.50）	−0.0057*** （−2.75）
Tobin_q	0.0091*** （8.04）	0.0069*** （8.43）	0.0076*** （12.22）
Leverage	0.0054 （0.50）	0.0184* （1.77）	0.0029 （0.38）
个体效应	控制	控制	控制
年份效应	控制	控制	控制
N	6777	8668	15445
$adj.R^2$	0.448	0.439	0.433

注：括号中数据是调整了异方差和公司层面的聚类效应的*t*统计量。***、**、*分别表示参数的估计值在1%、5%、10%的统计水平上显著。

综合表6.3和表6.4的结果可以得出下列初步结论：对于国有企业，基本上可以肯定，售后回租发挥了负面的治理效应。售后回租降低了国有企业的总资产周转率，并降低了企业的价值。售后回租没有对国有企业的管理销售费用产生显著影响，其原因可能是国有企业经理人的在职消费受到越来越严格的限制，所以售后回租增加国有企业代理成本的途径主要体现在经理人的无效率经营上，这证实了假设6.1（a）和假设6.2（a）。对于民营企业，售后回租却没有体现显著的正面或负面治理效应。另外，表6.3和表6.4的结果能够在一定程度上说明，与民营企业相比，售后回租对国有企业的治理效应更差，并对国有企业的总资产周转率和企业价值产生更加负面的影响，这在一定程度上证实了假设6.1（c）和假设6.2（c）。

6.6　进一步分析：如何提高售后回租对民营企业的治理效应

6.5部分的结果表明，无论是对于国有企业还是民营企业来说，售后回租都没有成为一种有效的债务治理工具。在预算软约束下，售后回租对其无法发挥债务硬性约束的作用，所以，售后回租对国有企业的治理效应很难改善。因此，对于民营企业，哪些因素能够提高售后回租的正面治理效应，进而使其成为一种有效的债务治理工具是一个值得研究的问题。

6.2部分的内容指出，在脱离本源的现象下，售后回租产生治理效应的债务追索机制和日常监督机制的有效性被降低，这削弱了售后回租的治理效应。按照这个思路，如果能够让债务追索机制和日常监督机制发挥作用，那么售后回租的正面治理效应也应当会提高。接下来的问题是，如何使债务追索机制和日常监督机制发挥作用。结合中国租赁业的实际背景，本书认为，从完善租赁业基础设施的角度来看，建立具有法律效力的租赁物登记查询系统可以强化售后回租的债务追索机制和日常监督机制，进而提高售后回租对民营企业的治理效应。其原因是，具有法律效力的租赁物登记查询系统可以提高租赁物对租赁公司的风险保障作用，让租赁公司更加重视租赁物的可取回性、价值变化等因素，进而提高租赁公司的债务追索能力和对承租人的日常监督能力，使得售后回租通过债务追索机制和日常监督机制来提高治理效应。下面对此进行具体分析。

本书在2.4部分分析过，租赁物登记查询系统这一基础设施的缺失是造成中国融资租赁业脱离本源的部分原因。从欧美发达租赁市场的经验来看，具备法律效力的租赁物登记查询系统应当是租赁业的必要基础设施，其对明确租赁物的产权归属和降低信息不对称具有重要作用。然而，2014年以前，中国一直缺乏具备法律效力的租赁物登记查询系统。在这种情况下，当发生承租人“一物多租”事件或承租人恶意处置租赁物的事件时，租赁公司对租赁物的所有权可能遭受威胁，租赁物也就无法起到风险保障的作用。承租人“一物多租”事件是指企业通过伪造单据等手段将同一件资产出售给多个租赁公司进行售后回租，以此来增加融资额的行为。一旦承租人违约，多个租赁公司会就同一租赁物的权属问题发生争端，最终各方都会形成损失。承租人恶意处置租赁物事件是指承租人自身经营陷入困境或现金流周转出现困难时，其在出租人不知情的情况下将租赁物转卖给他人的行为。租赁公司发现上述行为后只能寻求司法途径来解决。根据《中华人民共和国物权法》的规定，如果购买租赁物的第三方对租赁物的权属关系并不知情，那么其属于善意第三人。租赁公司对租赁物的所有权不能对抗善意第三人，这会让租赁公司无法取回租赁物，承担高额损失。对租赁公司而言，租赁物登记查询系统这一基础设施的缺失是一种体制性缺陷，难以依靠租赁公司个体的努力来有效弥补，这使得租赁公司难以防范承租人的“一物多租”行为。当发生承租人恶意处置租赁物的事件后，租赁公司难以对抗善意第三人的法律规定。可见，对于租赁公司而言，租赁物登记查询系统的缺失阻碍了租赁物风险保障作用的发挥，这是租赁公司开展贷款性质的售后回租交易的一个制度性原因，即由于租赁物所能起到的风险保障作用有限，很多租赁公司索性不再将租赁物作为风险保障机制，而是转为依靠承租人的规模、财务状况、担保人、抵押物等一系列信用资质来控制风险。

2009—2014年，中国逐步建立并完善了租赁物登记查询系统。具体地，2009年，中国人民银行征信中心建立租赁物登记查询系统，也就是后来的动产融资统一登记公示平台（简称“中登网”），该系统的最初使用对象为金融租赁公司。2013年，商务部建立租赁物登记查询系统，该系统的建立目的是供融资租赁公司使用。2014年，最高人民法院出台的《关于审理融资租赁合同纠纷案件适用法律问题的解释》规定：第三人与承租人交易时，未按照法律、行政法规、行业或地区主管部门的有效规定在相应机构进行融资租赁交易查询的，不适用善意取得的法律规定。图6.2展示了中国租赁物登记查询系统逐步建立并获得一定法律效力的进程。可见，至2013年，中国建立针对两类租赁公司（金融租赁公司和融资租赁公司）的租赁物登记查询系统；2014年，租赁物登记查询系统又获得一定的法律效力。此后，租赁物登记查询系统在租赁业界获得广泛应用。租赁公司在交易前可以在租赁物登记查询系统中查看租赁物的权属，以免发生“一物多租”的问题。同时，对于承租人恶意处置租赁物的事件，租赁公司可以凭借其在租赁物登记查询系统中的登记记录提供有效举证，保护自身对于租赁物的所有权。对于租赁公司来说，具备法律效力的租赁物登记查询系统的建立在一定程度上解决了租赁物发挥风险保障作用的制度性阻碍，进而提高了租赁物的风险保障功能。租赁公司也更加重视租赁物，将其视作一种风险保障机制，并更加关注租赁物的可取回性，也更有动力对承租人进行日常监督。租赁公司的这种转变将通过债务追索机制和日常监督机制对民营企业产生正面的治理效应。

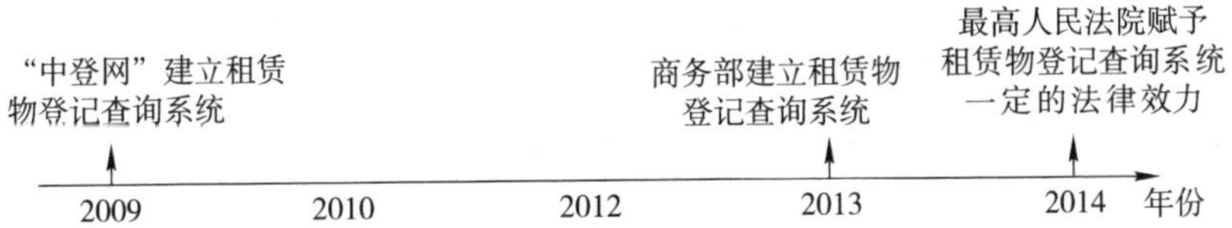

图6.2　中国租赁物登记查询系统逐步建立完善的进程

为了从实证上检验具备法律效力的租赁物登记查询系统这一基础设施的完善对售后回租治理效应的影响，本书将“建立具备法律效力的租赁物登记查询系统”作为一次具有自然实验性质的外生冲击，并通过模型（6.5）和模型（6.6）来验证其是否可以提高售后回租对民营企业的治理效应。

$$Agency\_Cost_{i,t}=\lambda_0+\lambda_1 SLB\_dummy_{i,t}+\lambda_2 SLB\_dummy_{i,t}\times Plat_{i,t}+\lambda_3 Plat_{i,t}+\sum_k \lambda_k Control_{i,t-1}+FirmFE+YearFE+\varepsilon_{i,t} \tag{6.5}$$

$$ROA_{i,t}=\eta_0+\eta_1 SLB\_dummy_{i,t}+\eta_2 SLB\_dummy_{i,t}\times Plat_{i,t}+\eta_3 Plat_{i,t-1}+\sum_k \eta_k Control_{i,t-1}+FirmFE+YearFE+\pi_{i,t} \tag{6.6}$$

模型（6.5）和模型（6.6）中的*Plat*表示样本当年是否受到“建立具备法律效力的租赁物登记查询系统”这一事件的影响。考虑中国于2013年建立针对全部类型租赁公司的租赁物登记查询系统，但却于2014年才赋予这些系统一定的法律效力，而只有具备法律效力的租赁物登记查询系统才能够有效对抗善意第三人，提高租赁物的风险保障作用。因此本书认为，“建立具备法律效力的租赁物登记查询系统”这一事件自2014年起才对企业产生影响。基于上面分析，本部分的*Plat*在2014年及以后取值为1，在2014年以前取值为0。如果具备法律效力的租赁物登记查询系统确实提高了售后回租对民营企业的治理效应，那么售后回租哑变量与建立平台事件冲击的交乘项（*SLB_dummy*×*Plat*）的结果会体现这一效果。具体地，对于民营企业，当被解释变量为总资产周转率和总资产收益率时，交乘项应显著为正；当被解释变量为管理销售费用时，交乘项应显著为负。

表6.5和表6.6汇总了用民企样本和国企样本对模型（6.5）和模型（6.6）进行回归的结果。其中，民企样本的结果是本书重点关注的对象，同时用国企样本的结果作为对照。因为具备法律效力的租赁物登记查询系统不会改善

“预算软约束”这一体制性问题，所以也就无法改善售后回租对国有企业的治理效应。从表6.5的结果可见，对于民营企业，当被解释变量为总资产周转率时，交乘项系数为正，但并不显著；当被解释变量为管理销售费用时，交乘项的系数在5%的显著性水平上为负。对于国有企业，无论被解释变量为总资产周转率还是管理销售费用，交乘项的系数都不显著。这一结果符合本书的预期：具备法律效力的租赁物登记查询系统建立后，售后回租更加显著地降低了民营企业的管理销售费用，但其对国有企业的管理销售费用没有显著影响。从表6.6的结果可见，当被解释变量为总资产收益率时，对于民营企业，交叉项的系数在5%的显著性水平上为正；对于国有企业，交叉项的系数并不显著。这符合本书的预期：具备法律效力的租赁物登记查询系统建立后，售后回租更加显著地提高了民营企业的价值，但对国有企业的价值没有显著影响。

综合来看，表6.5和表6.6的结果在一定程度上证实了具备法律效力的租赁物登记查询系统的建立能够提高售后回租对民营企业的治理效应。与系统建立以前相比，系统建立以后，售后回租更加显著地降低了民营企业的管理销售费用，并更加显著地提高了民营企业的价值。不过，具备法律效力的租赁物登记查询系统的建立所带来的正面效应需要一定的时间才能体现，如租赁公司需要时间来制定对承租人的定期回访流程。本书的样本截止到2016年，仅包括系统建立以后的3年数据，这可能是导致模型（6.5）中将总资产周转率作为被解释变量时交乘项的系数不显著的原因。本部分内容希望重点强调的是，具备法律效力的租赁物登记查询系统建立以后，租赁公司更加重视租赁物并将其视作风险保障机制的这一转变，实际上是融资租赁业回归本源的过程，也就是“贷款性质的售后回租交易”向“满足本质特征的售后回租交易”的转变过程。所以，本部分的结论在一定程度上表明了融资租赁业回归本源的必要性。

表6.5 租赁物登记查询系统的建立对售后回租治理效应的影响——基于代理成本的视角

变量	*Turnover*		*Expense*	
	民企样本	国企样本	民企样本	国企样本
	（1）	（2）	（3）	（4）
SLB_dummy	−0.0032 （−0.15）	−0.0336* （−1.73）	0.0034 （0.36）	−0.0027 （−1.06）
SLB_dummy×*Post*14	0.0212 （0.75）	−0.0250 （−0.77）	−0.0221** （−2.02）	0.0012 （0.23）
*Post*14	−0.0315 （−1.49）	−0.0944*** （−2.72）	0.0610*** （6.30）	0.0548*** （7.43）
Ln（*asset*）	−0.0819*** （−5.50）	−0.1185*** （−4.57）	−0.0285*** （−4.52）	−0.0194*** （−4.33）
Tobin_q	0.0186*** （4.61）	0.0095* （1.72）	−0.0009 （−0.65）	0.0004 （0.22）
Leverage	0.1759*** （3.67）	0.1221* （1.71）	−0.0294 （−1.35）	0.0149 （0.77）
个体效应	控制	控制	控制	控制
年份效应	控制	控制	控制	控制
N	8668	6777	8668	6777
$adj.R^2$	0.825	0.836	0.732	0.730

注：括号中数据是调整了异方差和公司层面的聚类效应的*t*统计量。***、**、*分别表示参数的估计值在1%、5%、10%的统计水平上显著。

表6.6 租赁物登记查询系统的建立对售后回租治理效应的影响——基于企业价值的视角

变量	（1）	（2）
	民企样本	国企样本
SLB_dummy	−0.0035 （−0.63）	−0.0080*** （−2.69）
SLB_dummy×*Post*14	0.0130** （2.12）	0.0046 （0.89）
*Post*14	−0.0113** （−2.21）	−0.0231*** （−4.87）
Ln（*asset*）	−0.0075** （−2.54）	−0.0082*** （−2.95）

续表

变量	（1）	（2）
	民企样本	国企样本
Tobin_q	0.0069*** （8.45）	0.0091*** （8.05）
Leverage	0.0183* （1.75）	0.0052 （0.48）
个体效应	控制	控制
年份效应	控制	控制
N	8668	6777
$adj.R^2$	0.440	0.448

注：括号中数据是调整了异方差和公司层面的聚类效应的*t*统计量。***、**、*分别表示参数的估计值在1%、5%、10%的统计水平上显著。

6.7　稳健性检验

6.7.1　解决内生性问题：企业的回租借款与代理成本、企业价值的反向因果关系

企业以售后回租方式借款的行为和代理成本、企业价值之间可能存在“反向因果”的问题。比如，资产周转率低的企业可能更有动力盘活固定资产，从而利用售后回租来获得资金融通，这会导致内生性问题，影响估计结果的可信度。为此，本书采用Rosenbaum 和Rubin（1983）提出的倾向得分匹配法对回租借款企业和无回租借款企业进行配对，然后对配对样本进行检验。在倾向得分匹配法的第一阶段，本书首先进行Logit回归，回归的被解释变量为企业是否以售后回租方式借款，解释变量为模型（6.1）中的全部控制变量。在回归后即可得到企业是否以售后回租方式借款的倾向得分，然后根据观测

值的倾向得分，对回租借款企业和无回租借款企业进行配对。这种配对方法可以保证配对成功的样本之间以售后回租方式借款的概率非常相近，进而降低“反向因果”导致的估计偏差。为了保证结果的稳健性，本书采用最近邻匹配、半径匹配和核匹配三种方法进行检验。表6.7、表6.8和表6.9分别展示了用最近邻匹配、半径匹配和核匹配进行配对检验的结果。三个表的结论基本一致：对于国企样本，与无回租借款的企业相比，回租借款企业的总资产周转率和总资产收益率更低，但两类企业的管理销售费用没有显著区别，这和表6.3的第（1）列和第（4）列、表6.4的第（1）列的结果一致。对于民企样本，以售后回租方式借款企业的管理销售费用更低，这和表6.3中第（6）列的结果一致，但统计显著性更强。以售后回租方式借款的民营企业的总资产周转率和总资产收益率更低，这说明表6.3的第（2）列和表6.4的第（2）列可能低估了售后回租对民营企业的负面治理效应。本书倾向于这样解释民营企业的稳健性检验结果：对于大多数民营企业来说，售后回租是一种追索能力更强的债务契约，经理人不希望公司的核心资产出现产权纠纷。于是，在按期偿还租金的预算压力下，经理人会降低管理销售费用方面的不必要支出。总资产周转率和总资产收益率是产出指标，经理人对售后回租资金的利用效率会影响这两个产出指标。当租赁公司没有将租赁物作为一种风险保障机制时，售后回租的债务追索机制和日常监督机制的有效性都被削弱，也就无法对经理人形成足够的约束效应和监督效应。由于售后回租不限制资金用途，承租人对售后回租资金的使用效率得不到保证，这降低了承租人的总资产周转率和总资产收益率。

表6.7　PSM配对：最近邻匹配的配对结果

比较变量	样本类型	配对状态	回租组	非回租组	ATT	标准误	T 值
总资产周转率	国企样本	配对前	0.614	0.795	–0.181	0.029	–6.21***
		配对后	0.614	0.758	–0.144	0.033	–4.34***
	民企样本	配对前	0.551	0.654	–0.103	0.026	–3.95***
		配对后	0.551	0.644	–0.093	0.026	–3.60***

续表

比较变量	样本类型	配对状态	回租组	非回租组	ATT	标准误	T 值
管理销售费用	国企样本	配对前	0.098	0.135	−0.037	0.006	−6.46***
		配对后	0.098	0.097	0.001	0.006	0.24
	民企样本	配对前	0.132	0.186	−0.054	0.008	−6.50***
		配对后	0.132	0.149	−0.017	0.007	−2.34**
总资产收益率	国企样本	配对前	0.011	0.022	−0.022	0.003	−6.96***
		配对后	0.011	0.018	−0.007	0.004	−2.03**
	民企样本	配对前	0.027	0.046	−0.019	0.003	−5.43***
		配对后	0.027	0.038	−0.011	0.004	−2.97***

注：***、**分别表示参数的估计值在1%、5%的统计水平上显著。

表6.8　PSM配对：半径匹配的配对结果

比较变量	样本类型	配对状态	回租组	非回租组	ATT	标准误	T 值
总资产周转率	国企样本	配对前	0.614	0.795	−0.181	0.029	−6.21***
		配对后	0.625	0.782	−0.156	0.039	−4.00***
	民企样本	配对前	0.551	0.654	−0.104	0.026	−3.95***
		配对后	0.564	0.641	−0.077	0.030	−2.57**
管理销售费用	国企样本	配对前	0.098	0.135	−0.037	0.006	−6.46***
		配对后	0.100	0.094	0.006	0.007	0.86
	民企样本	配对前	0.132	0.186	−0.054	0.008	−6.50***
		配对后	0.137	0.153	−0.016	0.009	−1.78*
总资产收益率	国企样本	配对前	0.011	0.033	−0.022	0.003	−6.96***
		配对后	0.011	0.020	−0.009	0.004	−2.15**
	民企样本	配对前	0.027	0.046	−0.019	0.003	−5.43***
		配对后	0.028	0.040	−0.012	0.004	−2.72***

注：***、**、*分别表示参数的估计值在1%、5%、10%的统计水平上显著。

表6.9　PSM配对：核匹配的配对结果

比较变量	样本类型	配对状态	回租组	非回租组	ATT	标准误	T 值
总资产周转率	国企样本	配对前	0.614	0.795	−0.181	0.029	−6.21***
		配对后	0.614	0.745	−0.132	0.026	−5.08***
	民企样本	配对前	0.551	0.654	−0.104	0.026	−3.95***
		配对后	0.551	0.638	−0.087	0.020	−4.25***

续表

比较变量	样本类型	配对状态	回租组	非回租组	ATT	标准误	T值
管理销售费用	国企样本	配对前	0.098	0.135	−0.037	0.006	-6.46^{***}
		配对后	0.098	0.104	−0.007	0.005	−1.39
	民企样本	配对前	0.132	0.186	−0.054	0.008	-6.50^{***}
		配对后	0.132	0.157	−0.025	0.006	-4.27^{***}
总资产收益率	国企样本	配对前	0.011	0.033	−0.022	0.003	-6.96^{***}
		配对后	0.011	0.018	−0.008	0.003	-2.71^{***}
	民企样本	配对前	0.027	0.046	−0.019	0.003	-5.43^{***}
		配对后	0.027	0.036	−0.008	0.003	-2.90^{***}

注：***表示参数的估计值在1%的统计水平上显著。

6.7.2　中介效应检验：售后回租影响国有企业价值的机制

无论是表6.3和表6.4的固定效应回归结果，还是表6.7、表6.8和表6.9的倾向得分匹配法检验结果，都表明售后回租降低了国有企业的总资产周转率，并降低了企业价值。不过，总资产周转率的降低是否是导致国有企业价值降低的原因，仍需要中介效应的检验。本书借鉴Baron 和Kenny（1986）的方法来识别总资产周转率是否是售后回租影响企业价值的路径。在检验中，中介变量需要满足以下四个条件：①解释变量（*SLB_dummy*）必须与被解释变量（*ROA*）相关；②解释变量必须与总资产周转率（*Turnover*）这一中介变量相关；③中介变量能够影响被解释变量；④加入中介变量以后，解释变量对被解释变量的系数显著性要有所降低。对于第四个条件，本书采用Sobel（1982）提出的方法来进行中介因子检验。具体地，本书设计了模型（6.7）、模型（6.8）和模型（6.9）。

$$\text{Path A}:ROA_{i,t}=\sigma_0+\sigma_1 SLB\_dummy_{i,t}+\sum_k \sigma_k Control_{i,t-1}+FirmFE+YearFE+\rho_{i,t} \quad (6.7)$$

Path B：$Turnover_{i,t}=\sigma_0+\sigma_1 SLB\_dummy_{i,t}+\sum_k \sigma_k Control_{i,t-1}+FirmFE+YearFE+\rho_{i,t}$

（6.8）

Path C：$ROA_{i,t}=\sigma_0+\sigma_1 SLB\_dummy_{i,t}+\sigma_2 Turnover_{i,t-1}+\sum_k \sigma_k Control_{i,t-1}+FirmFE+YearFE+\rho_{i,t}$

（6.9）

中介效应分为完全中介效应和部分中介效应两种。具体地，完全中介效应需要满足三个条件：①Path A中*SLB_dummy*的系数σ_1显著；②Path B中*SLB_dummy*的系数σ_1显著；③Path C中*Turnover*的系数σ_2显著，但*SLB_dummy*的系数σ_1不再显著，同时Sobel检验在统计上显著。如果这三个条件同时满足，那么就说明售后回租对企业价值在总资产周转率这一路径上存在完全中介效应。同样地，部分中介效应需要满足三个条件：①Path A中*SLB_dummy*的系数σ_1显著；②Path B中*SLB_dummy*的系数σ_1显著；③Path C中*SLB_dummy*的系数σ_1和*Turnover*的系数σ_2均显著，但系数σ_1显著低于Path A中的系数σ_1，同时Sobel检验在统计上显著。如果这三个条件同时满足，那么就说明售后回租对企业价值在总资产周转率这一路径上存在部分中介效应。Sobel Z值的计算公式为：

$$Z_{value}=ab/\sqrt{a^2 s_b^2+b^2 s_a^2+s_a^2 s_b^2} \quad （6.10）$$

在式（6.10）中，a和s_a分别表示Path B中σ_1的估计系数和标准误，b和s_b分别表示Path C中σ_2的估计系数和标准误。

表6.10汇总了模型（6.7）至模型（6.9）的中介效应检验结果。其中，第（1）列和第（2）列的结果分别为表6.4第（1）列和表6.3第（1）列的结果，为了方便对比，本书将这两列的结果再次放入表6.10中。从第（1）列的结果可见，在路径模型Path A中，售后回租哑变量对总资产收益率的系数为–0.006，并且在5%的水平上显著。从第（2）列的结果可见，在路径模型Path B中，售后回租哑变量对中介因子总资产周转率的回归系数为–0.0447，并且在1%的水平上

显著。从第（3）列的结果可见，在路径模型Path C中，当将中介因子总资产周转率加入作为解释变量后，售后回租哑变量的回归系数降至-0.0037，且不再显著，但中介因子总资产收益率的回归系数为0.0501，且在1%的水平上显著。另外，经过计算，Sobel检验的*Z*值为-1.99，在5%水平上统计显著。这说明售后回租对总资产收益率在总资产周转率这一路径上存在完全中介效应，即售后回租降低国有企业的企业价值这一机制根源是其降低了国有企业的总资产周转率。

表6.10　售后回租降低国有企业价值的中介效应检验

变量	（1）	（2）	（3）
	ROA	*Turnover*	*ROA*
SLB_dummy	-0.0060** （-1.97）	-0.0447*** （-2.69）	-0.0037 （-1.26）
Turnover			0.0501*** （10.19）
Ln（*asset*）	-0.1185*** （-4.57）	-0.1185*** （-4.57）	-0.0023 （-0.81）
Tobin_q	0.0096* （1.73）	0.0096* （1.73）	0.0086*** （8.02）
Leverage	0.1208* （1.70）	0.1208* （1.70）	-0.0006 （-0.06）
个体效应	控制	控制	控制
年份效应	控制	控制	控制
N	6777	6777	6777
$adj.R^2$	0.836	0.836	0.482

注：括号中数据是调整了异方差和公司层面的聚类效应的*t*统计量。***、**、*分别表示参数的估计值在1%、5%、10%的统计水平上显著。

6.8　本章小结

首先，本章基于债务治理效应的视角，探究了承租人以售后回租方式借款的结果。在理论上，本章提出了“满足本质特征的售后回租交易”产生治理效应的三个机制——债务追索机制、日常监督机制和资金用途机制。其次，本书分析了中国融资租赁业的脱离本源现象和中国政府干预导致的“预算软约束”问题对售后回租治理效应的影响：由于中国绝大部分售后回租交易存在脱离本源的现象，所以售后回租的债务追索机制和日常监督机制的有效性将降低，这会削弱售后回租的正面治理效应；“预算软约束”问题将使售后回租对国有企业产生更为负面的治理效应。最后，本章通过实证研究分析了2007—2016年售后回租对企业的治理效应。具体地，本章得出以下结论：

第一，对于国有企业，售后回租产生了负面的治理效应。售后回租增加了国有企业的代理成本，并降低了企业价值。另外，售后回租降低国有企业的企业价值的机制是其增加了代理成本，售后回租对国有企业的总资产收益率在总资产周转率这一路径上存在完全中介效应。

第二，对于民营企业，售后回租产生了负面的治理效应。尽管售后回租在一定程度上降低了民营企业的管理销售费用，但其却降低了总资产周转率，并最终降低了民营企业价值。

第三，和民营企业相比，售后回租对国有企业产生了更加负面的治理效应。售后回租明显地提高了国有企业的代理成本，也明显地降低了国有企业的企业价值。

第四，租赁业基础设施的完善有助于提高售后回租对民营企业的治理效应。中国建立具备法律效力的租赁物登记查询系统后，售后回租对民营企业的代理成本和企业价值都产生正面的改善作用。本书认为，其背后的原因是，租赁业基础设施的完善在一定程度上扫清了租赁物发挥风险保障作用的制度性阻碍，从而促进融资租赁业回归本源，进而让售后回租通过债务追索机制和日常监督机制提高治理效应。

综上，本章发现的承租人以售后回租方式借款的结果可以表述为：

2007—2016年，售后回租交易对企业造成负面的治理效应，且对国有企业的负面效应更严重。不过，具备法律效力的租赁物登记查询系统的建立能够提高售后回租对民营企业的治理效应。可见，从提高治理效应的角度考虑，相关部门应进一步完善中国融资租赁业的基础设施建设，进而促进融资租赁业回归本源。

本章结论对租赁业和政府部门具有一定的启示意义。首先，本章结论对租赁业回归本源、提高经营管理能力具有参考价值。承租人的绩效是其正常还款能力的保障。如果售后回租能够发挥正面的治理效应，那么租赁公司的债权安全性也会随之提高。因此，出于自身债权安全性的考虑，租赁公司应当积极提高融资租赁的治理效应。具体地，租赁公司可以从三个方面来提高融资租赁的治理效应：①租赁公司应当重视租赁物的可取回性，尽量选择易取回、易变现的租赁物；②租赁公司应当建立完善的租后管理流程，对承租人进行细致的定期回访；③租赁公司应当合理监督承租人的资金用途，防范经理人滥用资金的行为。其次，本章结论表明，政府部门应当减少对国有企业的保护性干预。作为一种新型金融工具，售后回租原本可以通过债务追索机制和日常监督机制而发挥独特的正面治理效应。但是，根源于中国体制的“预算软约束”问题抑制了这种正面效应的发挥。因此，为了让售后回租成为一种有效的公司治理工具，政府应减少对国有企业的干预，让债务起到硬性约束的作用，这将从整体上提升国有企业的经济效益。

第7章 结论、政策建议、业界启示与进一步研究方向

7.1 结论

本书关注了中国融资租赁业脱离本源这一极具现实意义的现象，研究目的是探究中国融资租赁业脱离本源的原因和结果。首先本书阐述了判断一个国家融资租赁业是否脱离本源的标准：如果一个国家的绝大多数融资租赁交易都满足本质特征，那么该国的融资租赁业就符合本源定位；反之，如果一个国家的绝大多数融资租赁交易都没有体现本质特征，那么该国的融资租赁业就存在脱离本源的现象。融资租赁交易是否满足本质特征则取决于租赁物在交易中所起的作用，在满足本质特征的融资租赁交易中，租赁物应当满足两个条件：一是租赁物代表承租人的最终交易目的——获得全新的生产运营设备；二是租赁物能够对租赁公司起到风险保障作用。根据上述判断标准可以发现，"入世"后的中国融资租赁业存在较为严重的脱离本源现象，其核心体现是中国的绝大多数融资租赁交易都是"名为租赁、实为贷款"的售后回租交易，其交易目的是为承租人提供纯粹的资金融通。基于上述分析，本书将研究对象定为售后回租交易。另外，从数据可得性和研究可行性的角度，本书选择从承租人的视角来探究中国融资租赁业脱离本源的原因和结果。因此，在选定了研究对象和研究视角后，本书的研究问题可以具体表述为：探究承租人以售后回租方式借款的动机和结果。

基于对中国租赁业的观察，本书选择了三个研究切入点来探究承租人以售后回租方式借款的动机和结果，这三个切入点分别是：承租人以售后回租方式借款来规避去产能政策的动机和结果、承租人以售后回租方式借款来缓解投融资期限错配的动机和结果，以及售后回租对承租人产生的治理效应结果。从这三个切入点进行具体分析时，本书采取了理论分析和实证分析相结合的方法。在理论上，本书利用博弈论、投融资期限匹配理论、代理成本理论等理论框架分析了售后回租与去产能政策、企业投融资期限错配程度和企业代理成本的逻辑关系。在实证上，本书对2007—2016年上市公司的售后回租交易信息进行了手动整理，从而获得上市公司以售后回租方式借款的全面数据。进一步地，本书采取双重差分法等实证模型对理论分析所提出的逻辑关系进行验证，并采用两阶段最小二乘法、倾向得分匹配法等方法来尝试解决潜在的内生性问题。最终，本书得出以下研究结论：

第一，规避去产能政策的融资限制是产能过剩企业以售后回租方式借款的动机，这种政策套利行为的结果是削弱了去产能政策的效果。从经济意义上来看，去产能政策发布以后，产能过剩企业的售后回租比率比非产能过剩企业平均要高0.10个百分点左右，相对于总体样本的售后回租比率平均值而言，提高幅度达到90.00%。另外，去产能政策显著降低了产能过剩企业的销售收入增长率和投资水平，但这一政策效果被售后回租的扩张削弱了2%~4%。本书还发现，去产能政策促使产能过剩企业以售后回租方式借款的机制是，去产能政策显著降低了产能过剩企业通过长期贷款和发债等主流融资渠道获取的长期资金。另外，租赁公司所受监管程度较宽松也是售后回租成为政策套利工具的原因。加强对租赁公司的监管程度能够遏制产能过剩企业的回租套利行为。

第二，缓解投融资期限错配程度是企业以售后回租方式借款的动机，这种行为的结果是企业的投融资期限错配程度得到缓解，并且期限错配对业绩造成的负面影响有所降低。从经济意义上看，企业的投融资期限错配程度每增加1个标准差，企业选择回租借款的概率平均增加0.09（0.12）个百分点，相当于均值预测概率的50%（58%）。企业在获得售后回租的资金后，其期限匹配程度将增加1.0782，相对于期限匹配程度的均值而言，提高了近50%。本书还发现，与民营企业相比，国有企业以回租借款来缓解投融资期限错配的动机更加强烈，并且售后回租对国有企业的投融资期限错配起到更好的缓解作用。

第三，从债务治理效应的角度来看，承租人以售后回租方式借款的结果是：售后回租对其产生了负面的治理效应，并且企业的产权性质会影响售后回租的治理效应。对于国有企业而言，售后回租对其产生负面的治理效应，售后回租提高了国有企业的代理成本，并降低了企业价值。另外，售后回租降低国有企业价值的机制是其提高了代理成本，售后回租对总资产收益率在总资产周转率这一路径上存在完全中介效应。对于民营企业而言，售后回租同样对其产生负面的治理效应。尽管售后回租在一定程度上降低了民营企业的管理销售费用，但其却降低了总资产周转率，并最终降低了企业价值。和民营企业相比，售后回租对国有企业产生更加负面的治理效应，售后回租进一步提高了国有企业的代理成本，也进一步降低了国有企业的企业价值。本书还发现，具备法律效力的租赁物登记查询系统建立以后，售后回租对民营企业的治理效应有所提高，这说明租赁业基础设施的完善有助于提高售后回租对民营企业的治理效应。

表7.1从承租人以售后回租方式借款的动机和结果总结了本书的主要结论。首先，从动机上来看，本书发现了承租人以售后回租方式借款的两个动机，第一个动机是规避去产能政策的融资限制，第二个动机是缓解投融资期限错配。从对经济的影响来看，一是以政策套利为目标的消极动机；二是以降低风险为目标的积极动机。其次，从结果上来看，承租人以售后回租方式

借款产生了三个方面的结果：一是削弱了去产能政策的效果；二是缓解了企业的投融资期限错配程度；三是产生负面的治理效应。从对经济的影响来看，这些结果既有积极作用，也有消极作用。积极作用体现在售后回租对中国现有的长期融资体系起到补充作用，提高了企业获得长期资金的效率，进而缓解了企业的投融资期限错配程度。消极作用体现在两个方面：一是售后回租成为一种针对去产能政策的套利工具，降低了政府机构清理过剩产能的效率；二是售后回租没有成为一种有效的债务治理工具，反而对企业的代理成本和企业价值产生负面影响。

表7.1　本书结论总结

本书的研究问题	本书结论	对经济产生的作用（积极／消极）	所属章节
承租人以售后回租方式借款的动机	规避去产能政策的融资限制，缓解投融资期限错配	消极作用	第4章
		积极作用	第5章
承租人以售后回租方式借款的结果	增加产能过剩企业的投资和销售收入增长率，削弱去产能政策的效果，缓解企业的投融资期限错配程度，降低期限错配对业绩产生的负面影响；对企业产生负面的治理效应，对国有企业的负面治理效应更加严重	消极作用	第4章
		积极作用	第5章
		消极作用	第6章

本书的研究结论从承租人的角度为中国融资租赁业的脱离本源现象提供合理的解释。出于规避去产能政策的融资限制或缓解投融资期限错配的需要，中国有大量企业的借款需求没有被银行贷款等主流融资渠道满足，这就给租赁公司开展贷款性质的售后回租业务提供了市场空间。对于租赁公司而言，与满足本质特征的设备租赁交易相比，贷款性质的售后回租交易在交易难度和业务规模增长速度上都具有优势。在交易难度上，设备租赁的交易流程更为复杂，要求租赁公司业务人员对设备知识、贸易流程、融资安排等都有较深入的了解；而贷款性质的售后回租交易与抵押贷款的流程极为相似，租赁

公司只需招聘一些银行业从业人员就可以迅速开展业务。在业务规模增长速度上，设备租赁要以企业的真实设备需求为基础，依靠一笔笔为承租人引进新设备的交易来实现规模增长；而贷款性质的售后回租交易则面向更多的客户需求，大量企业中没有被银行贷款满足的资金缺口都可以通过售后回租来填补。所以，租赁公司依靠贷款性质的售后回租交易可以在短期内迅速实现业务规模的扩张。从前面的分析可见，贷款性质的售后回租交易更加符合租赁公司的资源禀赋和“冲规模”的战略偏好，但无论是对于租赁公司的持久经营，还是对于融资租赁行业的健康发展，这种贷款性质的售后回租交易都是一种“短视”的决策。尽管在短期内，大部分租赁公司依靠这类售后回租交易迅速扩张了规模，但这些租赁公司却同时忽视了培养自身的设备租赁专业能力。贷款性质的售后回租交易的可持续发展能力极为有限，这类交易或将面临更为严格的监管压力，同时其有限的需求也难以继续支撑所有租赁公司的业务增长。

7.2　政策建议

7.2.1　进一步完善租赁物登记查询系统及其配套法律制度

本书的2.4部分指出，租赁物登记查询系统的缺失是导致中国融资租赁业脱离本源的部分原因。近年来，中国逐步建立租赁物登记查询系统及与之配套的法律制度。2009年，人民银行征信中心建立“中登网”、2013年商务部建立的融资租赁业务登记系统逐步完善了中国的租赁物登记查询体系，最高人民法院于2014年出台的《关于审理融资租赁合同纠纷案件适用法律问题的解释》又进一步赋予了租赁物登记查询系统一定的法律效力。本书在6.6部分的研究结论表明，租赁物登记查询系统及与之配套的法律制度的建立提高了租赁物的风险保障功能，促进了租赁业回归本源，进而提高了售后回租的治理效应。尽管现有的租赁物登记查询系统及与之配套的法律制度在确定租赁物权属、维护出租人利益方面起到一定的积极作用，但还存在一些不足，其具体体现在以下三个方面：

第一，现有租赁物登记查询系统的主体机构有待统一。目前，中国主要有两个租赁物登记查询系统，分别是人民银行征信中心建立的“中登网”和商务部建立的融资租赁业务登记系统。这两个租赁物登记查询系统的建立与中国租赁业的监管背景有关。起初，中国人民银行建立的“中登网”主要供银监会监管下的金融租赁公司使用，商务部建立的融资租赁业务登记系统则主要供其自身监管下的融资租赁公司使用。租赁物登记查询系统的不统一给租赁公司带来重复登记、多头登记等问题，增加了租赁物的登记成本和查询成本。为了提高租赁物的登记效率和查询效率，相关部门应当统一租赁物登记查询系统的主体机构，建立一体化的租赁物登记查询系统。从租赁物登记现状来看，“中登网”获得商业银行和租赁公司的普遍认可，绝大部分租赁物的登记工作都在“中登网”进行。2018年5月，租赁业的监管改革统一了租赁业的监管机构——银保监会负责监管所有类型的租赁公司，预计租赁物登记查询系统的统一指日可待。

第二，现有租赁物登记查询系统的法律效力有待加强。2014年，最高人民法院出台了《关于审理融资租赁合同纠纷案件适用法律问题的解释》（法释〔2014〕3号）规定，第三人“未按照行业或地区主管部门的有效规定在相应机构进行融资租赁交易查询的”，不适用善意取得的规定，这赋予了现有的租赁物登记系统一定的法律效力。但目前只有天津市高级人民法院和上海市地方金融监管局等机构对天津地区和上海地区的租赁物登记查询进行了明确规定[①]，其他地区还没有出台相关规定。此外，现行的法律没有对现有的租赁物登记查询系统做出明确的认可。为了进一步提高租赁物登记查询系统的法律效力，国家应号召更多的地区或行业主管部门出台有关租赁物登记查询的细则，并赋予现有的租赁物登记查询系统更加明确的法律效力。

第三，现有租赁物登记查询系统的“事前”防范能力有待加强。现有的租赁物登记查询系统更多地起到“事后”维权机制的作用。当承租人恶意处置租赁物的事件发生后，租赁公司在登记平台中的记录可以成为租赁公司的有力证据，进而提高其胜诉概率。然而，这些行为需要租赁公司付出一定的时间成本、司法诉讼成本等。对此，本书建议政府部门基于物联网技术将现有的租赁物登记查询系统升级为一套闭环动产管理平台，进而建立针对承租人恶意处置行为的“事前”防范机制。

图7.1为闭环动产管理平台的运作流程。首先，当一笔租赁合同签订完毕并开始正式履约后，租赁物的供应商负责在平台内登记设备信息，平台自动生成针对租赁物的唯一标识符。其次，出租人和承租人将相关的交易信息以区块链账本的形式记录在平台内。在租期内，闭环动产管理平台利用物联网技术对租赁物进行实时监控和反向控制，平台具备信息上报、使用监管和破坏告警等功能。同时，平台会对租期内租赁物的维护、修理等事项进行记录，以确保对租赁物运行状态的实时更新。在租赁物的寿命周期末期，租赁物的所有者向平台发出销毁申请，平台自动删除对应于租赁物的唯一标识符。至

① 2011年，天津市高级人民法院发布《天津市高级人民法院关于审理融资租赁物权属争议案件的指导意见（试行）的通知》，文件规定，出租人应当在“中国人民银行征信中心融资租赁登记公示系统（即中登网）”进行登记，未经登记不得对抗善意第三人，第三人未在中登网进行查询的视为未尽到审慎注意义务而不构成善意。2019年，上海市地方金融监督管理局、中国人民银行上海分行、上海银保监局联合发布《关于做好本市融资租赁行业登记和查询工作的意见》，文件规定，融资租赁公司开展融资租赁业务，应当办理融资租赁权属状况登记，且应对登记内容的真实性、完整性和合法性负责。

此，闭环动产管理平台实现了对租赁物的全生命周期的记录和管控。

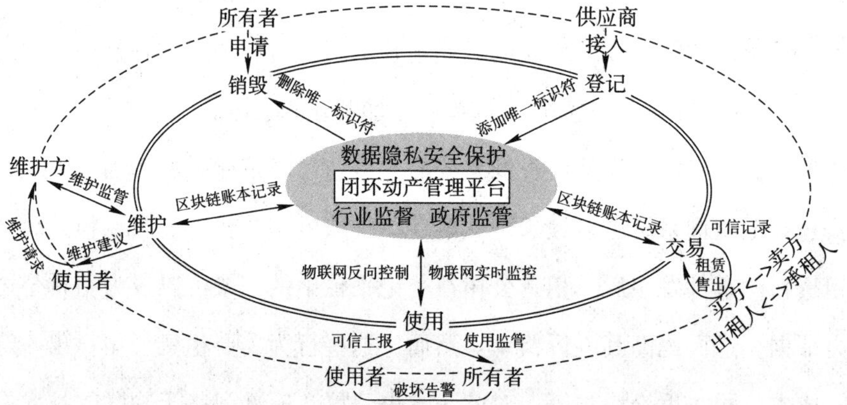

图7.1 基于闭环动产管理平台的动产全周期管理

该闭环动产管理平台涵盖租赁物登记、交易、使用、维护、销毁等环节，其目的是实时记录并更新租赁物的物理信息。这样一来，尽管租赁物的所有权和使用权在空间上是分离的，但租赁物在全球数字空间内的连贯性和一体性却消除了信息隔阂，从而能够对承租人的恶意处置行为进行有效的“事前”防范。基于金融技术进步角度，本书在表7.2中对闭环动产管理平台与现有的传统动产管理平台的优劣势进行了梳理，结果显示闭环动产管理平台在多方面均有功能性提升。在数据管理范围上，传统动产管理平台仅在动产交易和变更时记录信息，无法覆盖其他时段的信息；闭环动产管理平台能覆盖动产的全生命周期，提供完整的数据链条。在数据维护者上，传统动产管理平台仅适用于厂商或出租人，数据维度比较单一；闭环动产管理平台可以让厂商、出租人和承租人等交易参与者共同参与，提供多维度的数据信息。在数据构成上，传统动产管理平台仅包括某些交易时刻的基本动产信息；闭环动产管理平台则包括动产全生命周期内的使用、维修等各类事件。在数据隐私上，传统动产管理平台是基于用户角色的粗粒度隐私管理，隐私信息易泄露；闭环动产管理平台则是基于用户角色和动产所属关系的细粒度隐私管理，进一步加强了数据加密和保护。在闭环动产管理平台中，只有动产相关方才能获得授权信息。在数据上传方式上，传统动产管理平台采用手动交易记录登记的形式；闭环动产管理平台则在手动交易记录登记的基础上，增添了物联网自动数据上传机制。这不仅节省了交易成本，还从源头上保障数据的可信度。在数据多样性上，传统动产管理平台的动产数据类型比较单一，仅包括设备名称、类别、所有权人等基本信息；在闭环动产管理平台中，各行业可针对不同设备特征制定多样化的数据格式，丰富平台内的数据维度。在数据法制框架上，传统动产管理平台仅具备公告性，平台内数据登记对构建法制框架的促进作用有限；在闭环动产管理平台中，行业监督自治、政府辅助监管和数据登记的融合能够有效降低动产交易成本，促进动产交易在依法治理的框架下进行。

表7.2　闭环动产管理平台与传统动产管理平台优劣势比较

比较项	闭环动产管理平台	以“中登网”为代表的传统动产管理平台
数据管理范围	动产全生命周期	仅动产交易和变更时记录信息
数据维护者	厂商、出租人、承租人等多方共同参与	仅厂商或动产出租人
数据构成	动产全生命周期使用情况、交易属性变更历史、重大维护事件历史等	仅交易时刻的基本动产信息
数据隐私	基于用户角色和动产所属关系的细粒度隐私数据加密和保护，只有动产相关方才能获得授权信息	基于用户角色的粗粒度隐私管理，隐私信息易泄露
数据上传方式	物联网自动数据上传 + 手动交易记录登记	手动交易记录登记
数据多样性	允许形成行业自治的多样化动产数据类型管理	动产数据类型较单一
数据法制框架	行业监督自治、政府辅助监管和数据登记的融合能够有效降低动产交易成本，促进动产交易在依法治理的框架下进行	仅具备公告性，数据登记对构建法制框架的作用不大

7.2.2 建立健全促进融资租赁扶持中小微企业的政策体系

从欧美国家的经验来看，融资租赁在拓宽中小微企业的融资渠道方面发挥了积极作用。以欧洲为例，牛津经济咨询公司（Oxford Economics）对欧洲中小企业的调查[①]显示，2013年，有42.5%的受访企业使用过租赁工具。具体到中小企业的融资中，有18.9%的资金来自租赁，该比例高于任何一种银行贷款。从这两个数据可以看出，租赁是欧洲中小企业广泛使用的融资工具，且在中小企业融资份额中占较大比重。自2007年中国融资租赁业开始再次发展以来，政府一直高度重视并支持融资租赁对中小微企业的资金扶持作用。2015年，国务院下发68号文《国务院办公厅关于加快融资租赁业发展的指导意见》以及69号文《国务院办公厅关于促进金融租赁行业健康发展的指导意见》，这两份文件均表示支持并鼓励租赁业为中小微企业提供融资。然而，根据本书的研究结果，企业的售后回租融资额与其资产规模呈显著正相关，这说明售后回租的资金主要投向了大型企业，并没有显著起到扶持中小微企业的作用。考虑售后回租占据中国融资租赁交易总量的绝大多数，这也说明融资租赁业整体上为中小微企业提供的资金十分有限。从租赁公司的角度考虑，其更偏好于为大型企业提供资金，这是一种理性选择。由于中小微企业的信息不对称程度较高，这使得租赁公司面临较高的信用风险。当信用风险超过租赁公司的承担能力时，租赁公司就会做出“拒租”的决策。为了提高租赁公司的风险容忍度，政府机构可以与租赁公司共同分担风险，进而提高租赁公司为中小微企业提供资金的意愿。欧洲的政府机构建立比较完善的政策扶持体系，有效调动了租赁公司服务中小企业的积极性。具体地，欧洲主要有

---

① 该调查采访了近3000家中小企业，涵盖8个国家（德国、法国、英国、意大利、西班牙、荷兰、波兰以及瑞典）和9个行业。所调查8国的经济产出占欧盟的82%，8国的租赁交易额占欧洲租赁市场的72%，因此本调查具有一定代表性。

以下三种政策扶持模式可以借鉴。

1. 贷款激励模式

在该模式下，政府性机构以提供贷款为激励，促进租赁公司为中小企业服务。具体地，政府性金融机构会设置一些贷款条件，条件内容一般为租赁公司向中小企业融资的额度等。租赁公司获得贷款后，必须执行贷款条件中的规定。

例如，欧洲投资银行（European Investment Bank，EIB）向租赁公司提供中长期贷款，贷款最高年限为7年（期末一次还清）或12年（分期偿还）。同时，欧洲投资银行也向租赁公司提出要求，例如，租赁公司在获得贷款后，要向中小企业提供不低于其贷款额度的资金。

贷款激励模式的优点是对租赁公司的吸引力强。和其他金融企业一样，租赁公司对资金有着迫切的需求。因此，贷款激励模式可以显著提升租赁公司向中小企业的投放额。但是，该模式要求政府性机构首先向租赁公司提供大额贷款资金，这对政府性机构的资金实力要求较高。

2. 增信激励模式

该模式的运行机制为：租赁公司为中小企业融资后，政府性机构通过为租赁公司增信的方式帮助其筹集资金。在欧洲，欧洲投资基金（European Investment Fund，EIF）就为服务中小企业的租赁公司提供资产证券化的增信服务。其具体流程为：租赁公司为中小企业提供资金后，往往通过资产证券化的方式回笼资金。此时欧洲投资基金会为该笔证券化产品提供担保，并参与发行证券的早期阶段，并给予相应指导。该担保为证券化产品起到有效的增信作用，使租赁公司更容易找到第三方投资者，缩短了筹资时间。另外，欧洲投资基金的信誉担保有助于企业降低融资成本。

增信激励模式的优点是政府性机构几乎不需要资金投入，因此，信用评级较高的政府性金融机构都可以采纳这种模式。但是，由于该模式并未向租赁公司提供直接的资金支持，其对租赁公司的吸引力比较有限。

3. 代偿激励模式

该模式的运行机制为：如果租赁公司为中小企业提供资金后，中小企业违约，那么政府性机构会代为偿还一定额度的租金。在欧洲，欧洲投资基金设立COMSE（Competitiveness of Enterprises和SMEs），即中小企业竞争力项目，该项目的本质就是代偿激励模式。欧洲投资基金的代偿比率可以高达50%。当承租人违约时，租赁公司即可要求欧洲投资基金代为还款，双方会按一定比例分享从承租人处收回的款项。在COMSE项目的支持下，预期损失的50%都由欧洲投资基金承担，因此租赁公司更愿意为风险较大的中小企业融资。

相比前两种模式，代偿激励模式更直接地分担了租赁公司承担的信用风险，有助于降低租赁公司的损失。另外，代偿比率起到杠杆作用，政府机构可以用较少的资金带动租赁公司为中小企业提供更大规模的融资。比如，欧洲投资基金的COMSE项目预算为7亿欧元，但其可以支持大约180亿欧元的中小企业融资。

表7.3总结了贷款激励模式、增信激励模式和代偿激励模式的优缺点。

表7.3　欧洲租赁公司服务于中小企业的政策扶持体系

	贷款激励模式	增信激励模式	代偿激励模式
优点	对租赁公司吸引力强	政府性机构几乎不需要资金投入	有效分担租赁公司的信用风险
缺点	要求政府性机构投入大量资金，财政负担较高	对租赁公司的吸引力可能较弱	当地中小企业出现集体性违约时，给当地政府造成极大财务负担

目前，中国很多地方政府都在建立中小微企业的扶持政策上做出了有益的尝试。比如，东莞市政府建立类似于欧洲“代偿激励模式”的补偿项目：对于为当地中小企业提供设备融资租赁服务且发生坏账损失的租赁公司，东莞市政府每年度在不超过新增融资余额10%的额度内对其给予风险补偿。但目前，中国的政策扶持体系仍比较单一，尚未形成多层次的完善体系。另外，

有些地方政府仅停留在“口头”支持阶段，尚未制定具体的扶持策略。未来，各地方政府可参考欧洲经验，建立多层次的扶持机制。比如，资产证券化正在成为中国融资租赁公司的重要融资渠道。针对这种发展趋势，各地方政府可以考虑建立相应的“增信激励模式”，通过融资增信的手段，促进融资租赁公司服务中小微企业。

7.2.3　采取政策手段促进融资租赁业回归本源

本书的2.2.4部分指出，美国政府部门依据其政策初衷和行政权力对融资租赁业的脱离本源现象进行管理的思路值得中国政府借鉴。对于该部分提出的“脱离本源现象下的售后回租交易是否完成政策期待”这一问题，经过本书第4章至第6章的研究，现在可以做出一些回答。从国务院发布的《国务院办公厅关于加快融资租赁业发展的指导意见》和《国务院办公厅关于促进金融租赁行业健康发展的指导意见》两份文件可以看出，政府对租赁业的两个主要政策期待是促进产业转型升级和拓宽中小微企业的融资渠道。然而，从本书的研究结果来看，过去十年里售后回租交易并没有完成这两方面的政策期待。

第一，本书第4章的研究结果表明，政府发布去产能政策约束了产能过剩企业的银行贷款、发债等主流融资渠道以后，由于租赁公司所受监管程度较宽松，售后回租成为产能过剩企业规避去产能政策的融资限制的资金补充渠道，这削弱了去产能政策的效果。这表明，售后回租交易非但没有促进产业的转型升级，反而为落后产能提供资金，这背离了政府对租赁业的政策期待。

第二，本书7.2.2部分已经分析，售后回租交易的资金主要投向了大型企业，对中小微企业的扶持作用十分有限。实际上，过去十年里中国售后回租交易的本质决定了其不可避免地具有“规模歧视”的特征。正如本书2.2.3部分指出的，在贷款性质的售后回租交易中，租赁公司会重点审核承租人的规模，这是租赁公司控制风险的主要筛查手段。所以，贷款性质的售后回租交易对中小微企业的融资支持作用势必较弱。

经过以上的分析可见，过去十年里中国的售后回租交易对实体经济所起的作用并不完全与政策期待相一致，在某些方面甚至背离了政策期待。而考虑中国绝大部分融资租赁业务都属于贷款性质的售后回租交易，这就意味着如果这类售后回租交易的主导地位不被改变，那么租赁行业整体上都难以完成政府的政策期待。因此，为了让租赁业更有效率地服务实体经济，也让政府对租赁业的各项政策优惠更有效地落到实处，政府部门应当采取政策手段来激励租赁行业调整业务模式，进而促进租赁业回归本源。一方面，租赁业的监管机构应加强对租赁公司的监管力度，尤其要密切监控租赁公司的资金投向，严禁其将资金投向落后产能的产业。另一方面，租赁业的监管机构应当调整监管思路，不再完全采用金融业务的通用监管思路，而是结合融资租赁交易的本质特征来设定监管指标。一个可选的思路是，监管机构可以将"租赁物是否为新设备"设定为一个奖励条件，对新增业务量中新设备类租赁物占比较高的租赁公司，监管机构及其他相关机构在财税政策等方面予以奖励。这种奖励机制在一定程度上可以激励租赁公司开展满足本质特征的设备租赁业务，进而促进融资租赁业回归本源。

7.3 对租赁业的启示

7.3.1 转变现有业务模式，深耕持久性需求

本书的第4章和第5章分析了承租人以售后回租方式借款的需求来源，即规避去产能政策的融资限制和缓解投融资期限错配。而从需求的持久性上考

虑，这两方面的需求都不利于租赁公司的可持续发展。

第一，规避去产能政策的融资限制属于政策套利性需求。只有在租赁公司所受监管程度较宽松、监管部门尚未关注租赁公司的资金投向时，产能过剩企业才能以售后回租方式借款来进行政策套利。但是，2018年5月以来，租赁业的监管变动已经统一了租赁公司的监管机构，未来银保监会以及各地方金融办会对各类租赁公司进行更严格的监管，这会让政策套利性质的售后回租交易面临更大的阻力。

第二，企业以售后回租方式借款来缓解投融资期限错配只是一种暂时性的融资选项。从长期来看，这种需求不具有持久性。随着中国金融市场的逐步完善，银行发放长期贷款的效率会有所提高，债券市场和股票市场也会更加发达，企业的长期融资渠道也会日益丰富。与这些主流的长期融资渠道相比，手续复杂、利率较高的售后回租交易缺乏竞争力，因此这类售后回租交易只能在当前欠完善的金融体系中充当临时补漏的融资选项，却难以成为具有持久竞争力的长期融资工具。

可见，为了提高业务的可持续发展能力，租赁公司应当转变现有的以售后回租为主的业务模式，深耕具有持久性需求的业务模式。实际上，满足本质特征的融资租赁业务就是面向企业的持久性需求开展的。一方面，满足本质特征的融资租赁业务的需求来自设备制造厂商。厂商需要在促销设备的过程中配备相应的金融支持手段，其中融资租赁就是一种重要的信用销售工具。另一方面，满足本质特征的融资租赁业务的需求来自使用设备的企业。对于购买设备存在财务预算约束的企业，融资租赁可以为其提供资金支持并帮助其获得设备。无论是设备制造厂商的促销需求，还是设备使用企业的融资需求，都是实体经济中的持久性需求。尤其在《中国制造2025》的战略目标下，这两类需求更为迫切。《中国制造2025》中，融资租赁多次被提及，这表明国家高度重视融资租赁对发展制造业的促进作用。比如，《中国制造2025》指出：

“支持符合条件的制造业企业建立金融租赁公司。”这体现了设备制造厂商利用融资租赁进行设备促销的需求。另外，《中国制造2025》还指出：“支持重点领域大型制造业企业集团开展产融结合试点，通过融资租赁方式促进制造业转型升级。”这体现了设备使用企业利用融资租赁引进设备的需求。

因此，融资租赁公司应回归本源，深耕实体经济中的持久性需求，在《中国制造2025》战略目标的指导下，为中国制造业的转型升级贡献力量。

7.3.2 完善租后管理流程，提高资产管理能力

本书第6章的研究结论表明，“满足本质特征的售后回租交易”可以通过债务追索机制和日常监督机制对承租人产生正面的治理效应。然而，脱离本源现象却削弱了这两种机制的有效性。为了增强租赁公司对承租人的正面治理效应，租赁公司应当强化债务追索机制和日常监督机制，强化的途径就是完善租后管理流程并提高资产管理能力。一方面，租赁公司应当建立完善的租后管理流程，对承租人进行定期回访。在回访过程中，租赁公司应重点检查租赁物的运行状态、价值变化等因素，同时认真考察承租人的经营状况和财务状况。另一方面，租赁公司应当提高资产管理能力，在交易之初就关注租赁物的可移动性、取回难度等因素，这样可以在承租人违约时提高自身的债务追索能力。另外，本书第6章的研究内容表明，售后回租交易不限制资金用途的特征会削弱租赁公司的治理效应。为了降低经理人滥用资金的可能性，租赁公司应当对承租人的资金用途进行适当监督，进而降低经理人的代理成本。

由于承租人的绩效是其正常还款能力的保障，所以如果租赁公司能够提高对承租人的正面治理效应，那么租赁公司的债权安全性也将随之提高。所以，完善租后管理流程并提高资产管理能力不仅有利于承租人提高经营业绩，也有利于租赁公司降低信用风险。

7.4　未来研究方向

在本书的研究框架下，以下三个方面可以作为未来的进一步研究方向：

第一，探究政府融资平台以售后回租方式借款的动机和结果。从售后回租交易的承租人构成来看，政府融资平台是一类重要的承租人。出于防范系统性风险的考虑，国家近年来严格控制政府融资平台的杠杆率。由于租赁公司所受监管较宽松，售后回租成为政府融资平台的融资套利工具。因此，售后回租与政府融资平台的关系同样值得研究，这类研究在政府融资平台的债务处置和防范宏观经济风险方面具有较强的现实意义。受数据来源制约，本书的研究对象为上市公司。由于缺乏有关政府融资平台的公开数据，本书无法对政府融资平台以售后回租方式借款的动机和结果进行实证研究。如果未来能够获得相关数据，那么研究者可以对这一问题进行实证分析。

第二，利用直接租赁的相关数据验证资金用途机制的负面治理效应。本书在第6章的研究中，从理论上分析了售后回租不限制资金用途这一特征可能产生负面治理效应的原因，但在实证上没有对这一论点提供直接证据。从直接租赁和售后回租的交易结构对比可以发现，两种交易模式最大的区别之一就是直接租赁限定了承租人的资金用途，但售后回租却没有对此进行限定。所以，将直接租赁的治理效应和售后回租的治理效应进行对比，可以成为证实“资金用途机制的负面治理效应”这一论点的一种可选思路。目前，中国上市公司进行的直接租赁交易较少，其披露的有关直接租赁的数据数量难以进行实证分析。未来，如果上市公司的直接租赁交易有所增加，且披露了足够有关直接租赁的数据，那么研究者可以对上述问题进行更深入的研究。

第三，研究中国融资租赁业脱离本源的现象有很多角度，本书只是出于数据可得性和研究可行性的考虑选择了承租人的角度。除了承租人的角度外，还可以从出租人的角度进行研究。比如，如果能够获得租赁公司的数据，包括售后回租交易占比、租赁公司的高级管理人员履历等资料，那么研究者可以从租赁公司的资源禀赋对其从事贷款性质售后回租交易的影响的角度进行相关研究。

参考文献

[1] 白云霞，邱穆青，李伟. 投融资期限错配及其制度解释：来自中美两国金融市场的比较 [J]. 中国工业经济，2016（7）：23–39.

[2] 蔡吉甫. 上市公司过度投资与负债控制效应研究 [J]. 软科学，2009（4）：36–42.

[3] 陈琦，侍孝来，张薇薇. 去产能需金融支持 [J]. 中国金融，2016（10）：102.

[4] 程华儿，史燕平. 我国融资租赁动产登记的制度构建——对天津试点的反思 [J]. 江西社会科学，2016（5）：187–192.

[5] 程仲鸣，夏新平，余明桂. 政府干预、金字塔结构与地方国有上市公司投资[J].管理世界，2008（9）：37–47.

[6] 杜朝运，邓秋艳. 发展我国融资租赁的税收激励思考 [J]. 税务研究，2007（4）：14–17.

[7] 樊茂清. 中国产业部门产能利用率的测度以及影响因素研究 [J]. 世界经济，2017（9）：3–26.

[8] 范从来，叶宗伟.上市公司债务融资、公司治理与公司绩效 [J]. 经济理论与经济管理，2004（10）：50–53.

[9] 高圣平. 统一动产融资登记公示制度的建构 [J]. 环球法律评论，2017（6）：66–83.

[10] 顾乃康，陈辉. 股票流动性、公司治理与企业经营绩效——基于退出威胁与锁定效应的理论与实证研究 [J]. 商业经济与管理，2010（4）：57–66.

[11] 郭泽光，敖小波，吴秋生. 内部治理、内部控制与债务契约治理——基于A股上市公司的经验证据 [J]. 南开管理评论，2015（1）：45–51.

[12] 韩保江，韩心灵. “中国式” 产能过剩的形成与对策 [J]. 改革，2017（4）：59–69.

[13] 胡晓媛. 融资租赁出租人风险承担及其控制 [J]. 法学，2011（1）：100–106.

[14] 黄健柏，徐震，徐珊. 土地价格扭曲、企业属性与过度投资——基于中国工业数据和城市地价数据的实证研究 [J]. 中国工业经济，2015（3）：57–69.

[15] 黄金宇. 企业开展银行售后回租保理组合业务的会计处理探讨 [J]. 财务与会计，2015（12）：41–42.

[16] 黄乾富，沈红波. 债务来源、债务期限结构与现金流的过度投资——基于中国制造业上市公司的实证证据 [J]. 金融研究，2009（9）：143–155.

[17] 姜付秀，黄磊，张敏. 产品市场竞争、公司治理与代理成本 [J]. 世界经济，2009（10）：46–59.

[18] 蒋东生. 谁获得了长期贷款 [J]. 管理世界，2012（7）：167–169.

[19] 蒋建湘，李依伦. 融资租赁出租人的风险承担 [J]. 法学，2012（7）：26–31.

[20] 刘铭，徐泓. 对售后回租业务会计处理的思考——以承租人为例 [J]. 甘肃社会科学，2014（2）：174–176.

[21] 李静楠，王利泉. 浅析 “营改增” 后融资租赁业涉税问题 [J]. 税务研究，2016（1）：105.

[22] 刘若鸿，史燕平. 增值税 “扩围” 试点对融资租赁行业发展的若干影响 [J]. 税务研究，2012（7）：46–49.

［23］罗宏，贾秀彦，陈小运. 审计师对短贷长投的信息识别——基于审计意见的证据 [J]. 审计研究，2018（6）：65–72.

［24］刘红忠，史霜霜. 地方政府干预及其融资平台的期限错配 [J]. 世界经济文汇，2017（4）：62–77.

［25］李世辉，雷新途. 两类代理成本、债务治理及其可观测绩效的研究——来自我国中小上市公司的经验证据 [J]. 会计研究，2008（5）：30–37.

［26］马红，侯贵生，王元月. 产融结合与我国企业投融资期限错配——基于上市公司经验数据的实证研究 [J]. 南开管理评论，2018（3）：46–53.

［27］马红，侯贵生，王元月. 短贷长投对企业创新可持续性支持的实证研究 [J]. 科技进步与对策，2018（11）：109–116.

［28］马红旗，黄桂田，王韧，申广军. 我国钢铁企业产能过剩的成因及所有制差异分析 [J]. 经济研究，2018（3）：94–109.

［29］马文杰，丁剑平. 企业融资租赁动机：融资约束还是财务灵活性 [EB/OL].（2015–03–10）. http：//www. erj. cn/cn/lwInfo. aspx？m=20100921113738390893&n=20150310142305713933.

［30］潘文轩. 化解过剩产能引发负面冲击的总体思路与对策框架 [J]. 财经科学，2016（5）：63–73.

［31］屈文洲，谢雅璐，叶玉妹. 信息不对称、融资约束与投资—现金流敏感性——基于市场微观结构理论的实证研究 [J]. 经济研究，2011（6）：105–117.

［32］沈红波，张广婷，阎竣. 银行贷款监督、政府干预与自由现金流约束——基于中国上市公司的经验证据 [J]. 中国工业经济，2013（5）：96–108.

［33］沈红波，华凌昊，许基集. 国有企业实施员工持股计划的经营绩效：激励相容还是激励不足 [J]. 管理世界，2018（11）：121–133.

［34］沈红波，华凌昊，郎宁. 地方国有企业的投融资期限错配：成因与治理 [J]. 财贸经济，2019（1）：70–82.

[35] 史燕平. 融资租赁原理与实务 [M]. 北京：对外经贸大学出版社，2005.

[36] 史燕平. 关于我国融资租赁的反思及其在后WTO金融业中的重构 [J]. 会计师，2007（10）：4-10.

[37] 史燕平，崔佳宁，庞家任. 现金投资还是现金滥用：我国上市公司出售回租的信息解读 [J]. 当代财经，2014（6）：43-56.

[38] 宋晓华，祖丕娥，陈灵青，叶彩琴，陈宝珍. 不确定环境下的项目融资租赁租金计量模型研究——基于出租人视角 [J]. 会计研究，2012（10）：21-25.

[39] 宋晓华，陈宝珍，郭亦玮. 基于出租人收益的项目融资租赁租金计量模型研究 [J]. 会计研究，2010（12）：65-68.

[40] 唐子惠，毛培，赵金龙. 中国工业产能利用率的空间特征分析 [J]. 管理世界，2018（12）：171-172.

[41] 田利辉. 国有产权、预算软约束和中国上市公司杠杆治理 [J]. 管理世界，2005（7）：123-128.

[42] 汪辉. 上市公司债务融资、公司治理与市场价值 [J]. 经济研究，2003（8）：28-35.

[43] 王满四. 负债融资的公司治理效应及其机制研究 [M]. 北京：中国金融出版社，2006.

[44] 王自锋，白玥明. 产能过剩引致对外直接投资吗？——2005—2007年中国的经验研究 [J]. 管理世界，2017（8）：27-35.

[45] 吴利学，刘诚. 项目匹配与中国产能过剩 [J]. 经济研究，2018（10）：67-81.

[46] 徐尧，洪卫青，谢香兵. 货币政策、投融资期限错配与企业绩效 [J]. 经济经纬，2017（6）：135-141.

[47] 谢德仁，陈运森. 金融生态环境、产权性质与负债的治理效应 [J]. 经济研究，2009（5）：118-129.

［48］谢德仁，张高菊. 金融生态环境、负债的治理效应与债务重组：经验证据 [J]. 会计研究，2007（12）：43–50.

［49］严卫中，唐枫，张华军. 借鉴西方发达国家经验完善我国融资租赁业税收政策 [J]. 税务研究，2010（10）：92–94.

［50］杨珩. 吉林省金融支持供给侧结构性改革的几点思考 [J]. 税务与经济，2017（3）：102–106.

［51］杨汀，史燕平. 利用融资租赁破解中小企业融资难题——来自欧洲的经验 [J]. 新金融，2018（8）：54–57.

［52］杨汀，史燕平，朝鲁. 物联网技术在融资租赁业的应用研究 [J]. 中国流通经济，2019（3）：3–11.

［53］于东智. 资本结构、债权治理与公司绩效：一项经验分析 [J]. 中国工业经济，2003（1）：87–94.

［54］俞鸿琳. 关系网络、商业信用融资与民营企业成长 [J]. 经济科学，2013（4）：116–128.

［55］余淼杰，金洋，张睿. 工业企业产能利用率衡量与生产率估算 [J]. 经济研究，2018（5）：56–71.

［56］张富强，林蔚. 完善我国融资租赁业"营改增"试点的法律研析 [J]. 税务研究，2014（10）：50–54.

［57］张耀伟. 终极控制股东两权偏离与企业绩效：公司治理的中介作用 [J]. 管理科学，2009（3）：9–16.

［58］周凯，史燕平. 中国融资租赁业快速发展的驱动因素研究——基于设备投资与融资需求视角的分析 [J]. 上海经济研究，2016（9）：64–72.

［59］周密，刘秉镰. 供给侧结构性改革为什么是必由之路？——中国式产能过剩的经济学解释 [J]. 经济研究，2017（2）：67–81.

［60］钟凯，程小可，张伟华. 货币政策适度水平与企业"短贷长投"之谜

[J]. 管理世界，2016（3）：87–98.

[61] ADAMS A T，R T CLARKE. Stock market reaction to sale and leaseback announcements in the UK [J]. Journal of Property Research，1996（13）：31–46.

[62] ADEDEJI A，R C STAPLETON. Leases debt and taxable capacity [J]. Applied Financial Economics，1996（6）：71–83.

[63] AGHION P，R BOLTON. An incomplete contract approach to financial contracting [J]. Review of Economic Studies，1992（59）：473–494.

[64] AMEMBAL S P，S D HALLADAY. The handbook of equipment leasing [M]. Shepherdsville：Publishers Press，1995.

[65] AMEMBAL S P. Winning with leasing [M]. Salt Lake City：Amembal & Associates，2006.

[66] ANG J，P P PETERSON. The leasing puzzle [J]. Journal of Finance，1984（39）：1055–1065.

[67] BARCLAY M J，C W SMITH. The priority structure of corporate liabilities [J]. Journal of Finance，1995（50）：899–917.

[68] BARON R M，D A KENNY. The moderator mediator variable distinction in social psychological research：Conceptual，strategic and statistical considerations [J]. Journal of Personality and Social Psychology，1986（51）：1173–1182.

[69] BAYLESS M，J D DILTZ. An empirical study of the debt displacement effects of leasing [J]. Financial Management，1986（15）：53–60.

[70] BEATTIE V，A GOODACRE，S J THOMSON. Operating leases and the assessment of lease–debt substitutability [J]. Journal of Banking and Finance，2000（24）：427–470.

[71] BRONSTEIN R J，A S WALDENBERG. The short life and lingering deathof safe harbor leasing [J]. American Bar Association Journal，1983（69）：1844–1847.

[72] COSCI S, R GUIDA, V MELICIANI. Leasing decisions and credit constraints: Empirical analysis on a sample of Italian Firms [J]. European Financial Management, 2015 (21): 377-398.

[73] DELOOF M, I VERSCHUEREN. Are leases and debt substitutes? Evidencefrom Belgian firms [J]. Financial Management, 1999 (28): 91-97.

[74] DIAMOND D W. Financial intermediation and delegated monitoring [J]. Review of Economic Studies, 1984 (51): 393-414.

[75] EISFELDT A L, A A RAMPINI. Leasing, ability to repossess, and debt capacity [J]. Review of Financial Studies, 2009 (22): 1621-1657.

[76] EZZELL J R, P P VORTA. Leasing versus purchasing: Direct evidence on a corporation' s motivations for leasing and consequences of leasing [J]. Quarterly Review of Economics and Finance, 2001 (41): 33-47.

[77] FINUCANE T J. Some empirical-evidence on the use of financial leases [J]. Journal of Financial Research, 1988 (11): 321-333.

[78] FRANK M Z, V K GOYAL. Testing the pecking order theory of capital structure [J]. Journal of Financial Economics, 2003 (67): 217-248.

[79] GRAHAM J R, M L LEMMON, J S SCHALLHEIM. Debt, Leases, Taxes and the Endogeneity of corporate tax status [J]. Journal of Finance, 1998 (53): 131-162.

[80] HANDA P. An economic analysis of leasebacks [J]. Review of Quantitative Finance and Accounting, 1991 (1): 177-189.

[81] HART O, J MOORE. A theory of debt based on the inalienability of human capital [J]. The Quarterly Journal of Economics, 1994 (109): 841-879.

[82] ISRAEL. Capital structure and the market for corporate control [J]. Journal of Finance, 1991 (46): 1391-1409.

[83] JENSEN M C, W H MECKLING. Theory of the firm: Managerial behavior,

agency costs and capital structure [J]. Journal of Financial Economics，1976（3）：305-360.

[84] JUN S G，F C JEN. The determinants and implications of matching maturities [J]. Review of Pacific Basin Financial Markets and Policies，2005（8）：309-337.

[85] KIM E H，W G LEWELLEN，J J MCCONNELL. Sale-and-leaseback agreements and enterprise valuation [J]. Journal of Financial and Quantitative Analysis，1978（13）：871-883.

[86] KORNAI J. Resource-constrained versus demand-constrained systems [J]. Econometrica，1979（47）：801-819.

[87] KORNAI J. Economics of shortage [M]. Amsterdam：Elsevier Science Ltd，1980.

[88] KRAEMER-EIS H，F LANG. The importance of leasing for SME finance [EB/OL].（2012-08）. https：//www. eif. org/news_centre/research/eif_wp_2012_15_The%20 importance%20of%20leasing%20for%20SME%20finance_August_2102. pdf.

[89] KRISHNAN V S，R C MOYER. Bankruptcy costs and the financial leasing decision [J]. Financial Management，1994（23）：31-42.

[90] LASFER M A，M LEVIS. The determinants of the leasing decision of small and large companies [J]. European Financial Management，1998（4）：159-184.

[91] LAWRENCE D S，L S GARY. The investment tax credit and the leasing industry [J]. Journal of Accounting and Public Policy，1982（1）：83-94.

[92] LEWIS C M，J S SCHALLHEIM. Are debt and leases substitutes [J]. Journal of Financial & Quantitative Analysis，1992（27）：497-511.

[93] LIN J C，WANG D CHOU，D F CHUEH. Financial constraint and the choice between leasing and debt [J]. International Review of Economics & Finance，2013（27）:171-182.

[94] MARSTON F C，R S HARRIS. Substitutability of leases and debt in corporate

capital structures [J]. Journal of Accounting, Auditing & Finance, 1988（3）: 147–164.

[95] MODIGLIANI F, M H MILLER. The cost of capital, corporation finance and the theory of investment [J]. American Economic Review, 1958（48）: 261–297.

[96] MORRIS J. On corporate debt maturity strategies [J]. Journal of Finance, 1976（31）: 29–37.

[97] MYERS S C, D A DILL, A J BAUTISTA. Valuation of financial lease contract [J]. Journal of Finance, 1976（31）: 799–819.

[98] MYERS S C. Determinants of corporate borrowing [J]. Journal of Financial Economics, 1977（5）: 147–175.

[99] OXFORD ECONOMICS. The use of leasing amongst European SMEs [EB/OL].（2015–12）https: //www. leaseurope. org/_flysystem/s3/Leaseurope%20documents/SME%20Report%202015%20Key%20Findings. pdf.

[100] PAUL L. World leasing yearbook [M]. Colchester: Capital Markets Intelligence Press, 2018.

[101] PAUL L. World leasing yearbook [M]. London: Euromoney Institutional Investor Press, 2009.

[102] RAMPINI A A, S VISWANATHAN. Collateral and capital structure [J]. Journal of Financial Economics, 2013（109）: 466–492.

[103] RANJAN D, M MERCEDES. Long term debt and overinvestment agency problem [J]. Journal of Banking and Finance, 2010（34）: 324–335.

[104] RONALD W A, G N KJELL. Financing and corporate growth under repeated moral hazard [J]. Journal of Financial Intermediation, 2011（20）: 1–24.

[105] ROSENBAUM P R, D B RUBIN. The central role of the propensity score in observational studies for causal effects [J]. Biometrika, 1983（70）: 41–55.

[106] SCHALLHEIM J K WELLS, R J WHITBY. Do leases expand debt

capacity? [J]. Journal of Corporate Finance, 2013 (23): 368–381.

[107] SHANKER L. Tax effects and the leasing decisions of Canadian corporations [J]. Canadian Journal of Administrative Sciences, 1997 (14): 195–205.

[108] SHARPE S A, H H NGUYEN. Capital market imperfections and the incentive to lease [J]. Journal of Financial Economics, 1995 (39): 271–294.

[109] SINGH A. Is leasing a substitute or complement to debt? : Evidence from the restaurant and retail industry [J]. Journal of Hospitality & Tourism Research, 2013 (37): 155–183.

[110] SLOTTY C F. Financial constraints and the decision to lease – evidence from German SME [J]. 21st Australasian Finance and Banking Conference, 2009 (1).

[111] SLOVIN SB, M E SUSHKA, JA POLONCHEK. Corporate sale–and–leasebacks, shareholder wealth [J]. Journal of Finance, 1990 (45): 289–299.

[112] SOBEL M E. Asymptotic confidence intervals for indirect effects in structural equation models [J]. Sociological Methodology, 1982 (13): 290–312.

[113] STUTZ R. Managerial discretion and optimal financing policies [J]. Journal of Financial Economics, 1990 (26): 3–27.

[114] STULZ R M, H JOHNSON. An analysis of secured debt [J]. Journal of Financial Economics, 1985 (14): 501–521.

[115] WARREN Jr A C, A J AUERBACH. Transferability of tax incentives and the fiction of safe harbor leasing [J]. Harvard Law Review, 1982 (95): 1752–1786.

[116] WELLS K S, R J WHITBY. Evidence of motives and market reactions to sale and leasebacks [J]. Journal of Applied Finance, 2012 (22): 57–70.

[117] YAN A. Leasing and debt financing: Substitutes or complements? [J]. Journal of Financial and Quantitative Analysis, 2006 (41): 709–731.

附录　删除不包含产能过剩企业的行业后模型（4.3）至模型（4.6）的回归结果

附表1至附表3分别汇报了删除了不包含产能过剩企业的行业后对模型（4.3）至模型（4.6）进行回归的结果。基本结论和前文一致。

附表1　删去不包含产能过剩企业的行业后模型（4.3）的回归结果

变量	*Total_loan*	*Short-term_loan*	*Long-term_loan*	*Bond*
	（1）	（2）	（3）	（4）
*Policy*3	-0.0127*	-0.0045	-0.0107**	-0.0028**
	（-1.83）	（-1.06）	（-2.42）	（-2.04）
Ln（*asset*）	-0.0514***	-0.0264***	-0.0241***	0.0046***
	（-10.39）	（-8.19）	（-9.36）	（4.55）
ROA	0.3027***	0.2085***	0.0859***	0.0256***
	（8.17）	（7.57）	（4.15）	（4.18）
Tobin_q	0.0057***	0.0038***	0.0014	0.0009***
	（3.29）	（3.40）	（1.54）	（2.71）
Fixasset	-0.0772***	-0.0077	-0.0694***	-0.0068*
	（-3.94）	（-0.62）	（-5.99）	（-1.71）
Loan				0.0153***
				（3.70）
个体效应	控制	控制	控制	控制
年份效应	控制	控制	控制	控制
N	11858	11858	11858	11858
adj. R^2	0.090	0.052	0.043	-0.003

注：括号中数据是调整了异方差和公司层面的聚类效应的*t*统计量。***、**、*分别表示参数的估计值在1%、5%、10%的统计水平上显著。

附表2　删去不包含产能过剩企业的行业后模型（4.4）的回归结果

变量	*Fin_dummy*	*Fin_ratio*	*nonFin_dummy*	*nonFin_ratio*
	（1）	（2）	（3）	（4）
Policy09	0.0012*** （3.54）	0.0624*** （4.06）	0.0002 （1.46）	0.0078 （0.76）
Policy13	0.0001 （0.18）	−0.0008 （−0.04）	0.0007* （1.70）	0.0440* （1.71）
Ln（*asset*）	0.0003*** （3.38）	0.0185*** （4.15）	0.0002** （2.51）	0.0239*** （3.31）
Cash_flow	−0.0001 （−0.12）	−0.0163 （−0.80）	0.0001 （0.45）	0.0073 （0.38）
Cash_holding	−0.0008** （−2.52）	−0.0284** （−2.53）	0.0000 （0.12）	0.0167 （1.08）
Long_loan	0.0006 （0.57）	0.0457 （1.08）	−0.0008 （−1.21）	−0.0397 （−1.01）
Tobin_q	0.0000 （0.58）	0.0009 （0.73）	−0.0001*** （−2.69）	−0.0029** （−2.38）
Tax	−0.0003 （−1.06）	−0.0126 （−1.12）	0.0002 （1.05）	0.0080 （0.66）
个体效应	控制	控制	控制	控制
年份效应	控制	控制	控制	控制
N	13394	13394	13394	13394
adj. R^2	0.175	0.220	0.168	0.167

注：括号中数据是调整了异方差和公司层面的聚类效应的*t*统计量。***、**、*分别表示参数的估计值在1%、5%、10%的统计水平上显著。

附表3　删去不包含产能过剩企业的行业后模型（4.5）和模型（4.6）的回归结果

变量	*Sales_growth*			*Investment*		
	（1）	（2）	（3）	（4）	（5）	（6）
Policy3	−0.1029*** （−4.35）	−0.1075*** （−4.52）	−0.1066*** （−4.48）	−0.0206*** （−5.26）	−0.0211*** （−5.38）	−0.0213*** （−5.42）
SLB_dummy		0.0937*** （3.01）			0.0113*** （2.68）	
SLB_ratio			2.6018** （2.44）			0.5145*** （3.50）

续表

变量	Sales_growth			Investment		
	（1）	（2）	（3）	（4）	（5）	（6）
Ln（*asset*）	-0. 1580*** （-8. 54）	-0. 1611*** （-8. 72）	-0. 1595*** （-8. 64）	-0. 0140*** （-6. 17）	-0. 0144*** （-6. 40）	-0. 0143*** （-6. 38）
Cash_flow	-0. 5286*** （-5. 50）	-0. 5278*** （-5. 49）	-0. 5282*** （-5. 49）	0. 0307*** （3. 21）	0. 0310*** （3. 25）	0. 0309*** （3. 25）
Tobin_q	0. 0304*** （5. 05）	0. 0305*** （5. 07）	0. 0305*** （5. 06）	0. 0046*** （6. 72）	0. 0046*** （6. 74）	0. 0046*** （6. 75）
Cash_holding				0. 0367*** （3. 92）	0. 0361*** （3. 87）	0. 0362*** （3. 89）
Working_capital				0. 0536*** （7. 94）	0. 0545*** （8. 17）	0. 0549*** （8. 25）
个体效应	控制	控制	控制	控制	控制	控制
年份效应	控制	控制	控制	控制	控制	控制
N	13394	13394	13394	13394	13394	13394
adj. R^2	0. 052	0. 054	0. 053	0. 425	0. 426	0. 427

注：括号中数据是调整了异方差和公司层面的聚类效应的*t*统计量。***、**分别表示参数的估计值在1%、5%的统计水平上显著。

后 记

本书的完成首先感谢我的导师史燕平教授。在硕士和博士学习期间，史老师无论在学业上还是在生活上，都给了我尽心尽力的指导和真诚备至的关怀。在史老师的指导下，我意识到与自己内心对话的重要性，也感受到自主思考的成就感；特别是史老师对我逻辑思维框架的塑造和人生目标的启迪，让我终生受益。作为一位对融资租赁业进行长达三十余年跟踪研究的学者，史老师对租赁业有着深刻锐利的见解和发自肺腑的热爱。在对我的指导过程中，史老师不仅毫无保留地向我传授她对融资租赁的思考与积累，更由租赁业推演到整个金融体系，循循善诱地提升我对于金融本质的理解。本书的每个组成部分，都凝聚着史老师对我的指导和启发。师恩如斯，我难以一一诉诸笔端；遇师如此，是我一生之幸。老师，我会永远记得那些在您办公室中与您促膝倾谈的日夜，也会永远记得您在V&A博物馆中专注而轻盈的身影。谢谢您让我懂得，我该以经营博物馆的匠心来对待自己的人生，将每一段人生经历都锻造为有意义的藏品。

感谢清华大学经济管理学院的庞家任老师。在本书第4章的研究内容中，庞老师在理论阐释和实验设计方面给我诸多有益指导，尤其让我对现实观察与学术研究的转化过程和学术分析中逻辑链条的严密性有了更深刻的体会。

感谢香港中文大学（深圳）经营学院的张劲帆老师。在与张老师合作论文的过程中，他的睿智见解给我诸多启迪，让我更加感受到学术研究的意义和乐趣。

感谢刘若鸿、程华儿、徐金球、王海军、李海凤、崔佳宁、胡永强、朱成科、周凯、王均山、谭晶、刘玻君、申立敬、杨文涛、陈乾等同门在本书写作过程中给予我的帮助。

感谢我家人给我的爱，你们一直是我追梦的底气。

十年踪迹十年心。期待下个十年，我将不负史老师的期望，为中国融资租赁业的高质量发展贡献自己的力量。

杨 汀

2021年11月26日